Aufbau eines E-Commerce-Geschäfts

durch

Künstliche Intelligenz generierte Anweisungen

Taschenbuch

Autor : Erol Yöndem

Inhaltsverzeichnis

Kapitel I   Einleitung 5
   Die Wichtigkeit der Produktauswahl für den Online-Verkauf 5
   Die Vorteile eines gut ausgewählten Produkts 6

Kapitel II   Recherche nach Produkten 9
   Ermittlung von Markttrends und Verbrauchernachfrage 9
     1.   Analysieren Sie Branchendaten: 9
     2.   Überwachen Sie soziale Medien und Online-Plattformen: 10
     3.   Durchführung von Kundenbefragungen und Fokusgruppen: 12
     4.   Behalten Sie die Wettbewerber im Auge: 13
   Durchführen einer Wettbewerbsanalyse 15
     Identifizieren Sie Ihre Konkurrenten: 15
     Sammeln Sie Informationen über Ihre Konkurrenten: 17
     1.   Analysieren Sie die Stärken und Schwächen Ihrer Konkurrenten: 18
     2.   Legen Sie fest, wie Sie Ihre eigenen Produkte differenzieren können: 20
     3.   Beobachten Sie Ihre Konkurrenten kontinuierlich: 21
   Sammeln von Kundenfeedback und -bewertungen 23
     1.   Ermutigen Sie Ihre Kunden, Bewertungen auf Ihrer Website oder in Ihrem Online-Shop zu hinterlassen: 23
     2.   Nutzen Sie soziale Medien, um Feedback einzuholen: 25
     3.   Führen Sie Kundenbefragungen durch: 26
     4.   Nutzen Sie die Interaktionen mit dem Kundendienst als Gelegenheit, Feedback einzuholen: 27

Kapitel III. Bewertung der Durchführbarkeit des Produkts 30
   Bewertung der Produktionskosten und der potenziellen Rentabilität 30
     1.   Berechnen Sie die Gesamtkosten der Produktion: 30
     2.   Berücksichtigen Sie die Nachfrage nach dem Produkt: 31
     3.   Legen Sie den Preispunkt für das Produkt fest: 33
     4.   Überprüfen Sie regelmäßig Ihre Preisgestaltung: 34
     5.   Bestimmung des richtigen Preispunktes für das Produkt 35
   Sicherstellung, dass das Produkt die gesetzlichen und behördlichen Anforderungen erfüllt 38
     1.   Recherchieren Sie die geltenden Gesetze und Vorschriften: 38
     2.   Holen Sie alle erforderlichen Genehmigungen und Lizenzen ein: 39
     3.   Kennzeichnungs- und Verpackungsvorschriften beachten: 41
     4.   Beachten Sie die Sicherheitsvorschriften: 42

Kapitel IV. Auswahl der Quellen 44
   Identifizierung und Bewertung potenzieller Lieferanten 44
     1.   Ermitteln Sie Ihren Bedarf: 44

2.	Recherchieren Sie potenzielle Lieferanten:	45
3.	Bewerten Sie den Ruf des Anbieters:	47
4.	Beachten Sie die Preisgestaltung und die Konditionen des Anbieters:	48
5.	Bewerten Sie die Produktqualität des Lieferanten:	49

Verhandlung von Bedingungen und Preisen *51*
1. Bestimmen Sie Ihre Verhandlungsposition: 51
2. Recherchieren Sie die Marktpreise: 52
3. Kommunizieren Sie klar und deutlich Ihre Bedürfnisse und Anforderungen: ... 54
4. Seien Sie flexibel: 55
5. Halten Sie alles schriftlich fest: 56

Aufbau von Beziehungen zu Lieferanten *58*
Regelmäßig kommunizieren: 58
Seien Sie zuverlässig: 60
Zeigen Sie Wertschätzung: 61
Seien Sie offen für Feedback: 62

Kapitel V. Produktkennzeichnung und -verpackung **64**

Entwicklung einer Markenidentität und eines Messagings für das Produkt *64*
Definieren Sie Ihren Zielmarkt: 64
Identifizieren Sie Ihre Markenwerte: 65
Schaffung einer visuellen Identität: 67
Entwicklung einer Markenstimme: 68
Testen und Verfeinern Ihrer Markenidentität und Ihres Messagings: 69

Gestaltung von Verpackungen, die die Attraktivität und den Wert des Produkts erhöhen. 71
1. Berücksichtigen Sie den Verwendungszweck des Produkts: 71
2. Verwenden Sie hochwertige Materialien: 73
3. Vermitteln Sie den Wert des Produkts: 74
4. Verwenden Sie ein visuell ansprechendes Design: 75
5. Testen und verfeinern: 77

Kapitel VI. Vermarktung und Verkaufsförderung des Produkts **79**

Erreichen Sie potenzielle Kunden über Online-Kanäle. *79*
1. Suchmaschinenoptimierung (SEO): 79
2. Marketing für soziale Medien: 81
3. E-Mail-Marketing: 84
4. Bezahlte Werbung: 86

Erreichen Sie potenzielle Kunden über Offline-Kanäle. *88*
1. Traditionelle Werbung: 88
2. Fachmessen und Ausstellungen: 90
3. Öffentlichkeitsarbeit: 92
4. Mundpropaganda: 94

Kapitel VII. Schlussfolgerung **97**

Die Bedeutung einer kontinuierlichen Produktbewertung und -verbesserung *97*

1. Sie trägt dazu bei, dass Ihr Produkt den Bedürfnissen und Erwartungen Ihrer Kunden entspricht: 97
2. Es kann Ihnen helfen, auf dem Markt wettbewerbsfähig zu bleiben: 98
3. Es kann Ihnen helfen, neue Wachstumschancen zu erkennen: 99
4. Es kann Ihnen helfen, Ihre Preisgestaltung zu optimieren: 101

Die Rolle der Produktauswahl beim Aufbau eines erfolgreichen Online-Geschäfts 102
1. Ermittlung der Kundennachfrage: 102
2. Den richtigen Preis festlegen: 104
3. Aufbau einer starken Markenidentität: 105
4. Den Kunden einen Mehrwert bieten: 107

Kapitel I Einleitung

Die Wichtigkeit der Produktauswahl für den Online-Verkauf

Wenn es darum geht, Produkte online zu verkaufen, kann das richtige Produkt den Unterschied ausmachen. Die Wahl des richtigen Produkts kann Ihnen helfen, sich in einem überfüllten Markt hervorzuheben, Kunden anzuziehen und zu binden sowie Umsatz und Gewinn zu steigern. Andererseits kann ein schlecht gewähltes Produkt zu geringer Nachfrage, Unzufriedenheit der Kunden und letztlich zum Scheitern führen.

Einer der wichtigsten Vorteile eines gut ausgewählten Produkts besteht darin, dass es Ihnen helfen kann, Ihr Unternehmen von der Konkurrenz abzuheben. Indem Sie ein einzigartiges oder hochwertiges Produkt anbieten, können Sie sich von der Konkurrenz abheben und Kunden anziehen, die etwas Besonderes suchen. Ein Produkt, das einen bestimmten Bedarf deckt oder ein Problem der Kunden löst, kann ebenfalls besonders erfolgreich sein, da es einen Mehrwert bietet und hilft, einen bestimmten Schmerzpunkt zu beseitigen.

Ein gut ausgewähltes Produkt kann Ihnen nicht nur helfen, sich von der Masse abzuheben, sondern auch, einen treuen Kundenstamm aufzubauen. Wenn Kunden eine positive Erfahrung mit einem Produkt gemacht haben, kommen sie eher zurück und kaufen weiter ein. Dies kann zu Folgegeschäften führen und den langfristigen Erfolg Ihres Online-Shops fördern.

Schließlich kann die Wahl des richtigen Produkts erhebliche Auswirkungen auf Ihre finanzielle Leistung haben. Ein Produkt mit hoher Nachfrage und einem guten Preisniveau kann zu hohen Umsätzen und Gewinnen führen. Andererseits kann ein Produkt mit geringer Nachfrage oder hohen Produktionskosten eine finanzielle Belastung für Ihr Unternehmen darstellen.

Kurz gesagt, die Produktauswahl ist ein entscheidender Faktor für den Erfolg eines Online-Geschäfts. Indem Sie potenzielle Produkte sorgfältig recherchieren und bewerten, können Sie Produkte auswählen, die Ihrem Unternehmen helfen, sich abzuheben, Kunden anzuziehen und zu binden und langfristig erfolgreich zu sein.

Die Vorteile eines gut ausgewählten Produkts

Eine der wichtigsten Entscheidungen, die ein Online-Verkäufer treffen kann, ist die Auswahl der richtigen Produkte für den Verkauf. Ein gut ausgewähltes Produkt kann einem Unternehmen eine Vielzahl von Vorteilen bringen, darunter Umsatzsteigerung, Kundentreue und ein positives Markenimage. Andererseits kann ein schlecht gewähltes Produkt Ressourcen verschlingen und zu unerfüllten Kundenerwartungen führen.

Was also macht ein Produkt "gut ausgewählt"? Es gibt mehrere Schlüsselfaktoren, die bei der Bewertung des Potenzials eines Produkts zu berücksichtigen sind, darunter die Verbrauchernachfrage, die Produktionskosten und der Wettbewerb auf dem Markt. Durch sorgfältige Recherche und Bewertung dieser Faktoren kann ein Online-Verkäufer Produkte identifizieren, die wahrscheinlich erfolgreich und profitabel sein werden.

Einer der offensichtlichsten Vorteile eines gut ausgewählten Produkts ist die Steigerung des Absatzes. Wenn ein Produkt den Bedürfnissen und Wünschen der Verbraucher entspricht, wird es mit größerer Wahrscheinlichkeit auch gekauft. Dies kann zu einem stetigen Einkommensstrom für das Unternehmen führen und ihm helfen, mit der Zeit zu wachsen.

Ein gut ausgewähltes Produkt kann nicht nur den Umsatz steigern, sondern auch die Kundentreue fördern. Kunden, die mit ihren Einkäufen zufrieden sind, kehren mit größerer Wahrscheinlichkeit auch bei künftigen Einkäufen in dasselbe Geschäft zurück. So kann ein treuer Kundenstamm entstehen, der zum Fortbestand und Wachstum des Unternehmens beiträgt.

Ein gut gewähltes Produkt kann auch zum allgemeinen Ruf eines Unternehmens beitragen. Wenn ein Produkt die Erwartungen der Kunden erfüllt oder übertrifft, kann dies zu positiven Bewertungen und Mund-zu-Mund-Propaganda führen. Dies kann dazu beitragen, neue Kunden zu gewinnen und das Vertrauen in das Unternehmen zu stärken.

Zusammenfassend lässt sich sagen, dass die Vorteile eines gut ausgewählten Produkts zahlreich sind und einen erheblichen Einfluss auf den Erfolg eines Online-Geschäfts haben können. Durch eine gründliche Recherche und eine sorgfältige Bewertung potenzieller Produkte kann ein Online-Verkäufer Produkte auswählen, die wahrscheinlich erfolgreich sein und zum Wachstum und Erfolg des Unternehmens beitragen werden.

Kapitel II Recherche nach Produkten

Ermittlung von Markttrends und Verbrauchernachfrage

ist ein entscheidender Schritt bei der Produktauswahl für den Online-Verkauf. Wenn Sie verstehen, wonach die Kunden suchen und was derzeit auf dem Markt beliebt ist, können Sie Produkte auswählen, die mit größerer Wahrscheinlichkeit erfolgreich sein werden. Es gibt verschiedene Möglichkeiten, diese Trends und die Nachfrage zu erforschen und zu ermitteln:

1. Analysieren Sie Branchendaten:

Es gibt viele Quellen, die Daten und Einblicke in Branchentrends liefern, wie z. B. Marktforschungsberichte, Fachpublikationen und Websites von Branchenverbänden. Diese können nützlich sein, um Trends innerhalb einer bestimmten Produktkategorie oder eines Marktsegments zu erkennen.

Um die Branchendaten optimal zu nutzen, kann es hilfreich sein:

a. **Ermitteln Sie relevante Datenquellen:** Suchen Sie nach Quellen, die spezifisch für Ihre Branche oder Produktkategorie sind, da diese wahrscheinlich die relevantesten und genauesten Informationen liefern.

b. **Berücksichtigen Sie verschiedene Arten von Daten:** Branchendaten können in vielen Formen vorliegen, z. B. als Umsatzdaten, Marktanteilsdaten und demografische Daten. Verschiedene Datentypen können unterschiedliche Erkenntnisse liefern. Daher ist es wichtig, eine Reihe von Quellen zu berücksichtigen, um ein umfassendes Verständnis des Marktes zu erhalten.

c. **Analysieren Sie die Daten sorgfältig**: Sobald Sie Daten aus verschiedenen Quellen gesammelt haben, sollten Sie sich die Zeit nehmen, die Informationen sorgfältig zu analysieren und zu interpretieren. Suchen Sie nach Mustern und Trends und überlegen Sie, wie sich diese auf Ihre Entscheidungen bei der Produktauswahl auswirken könnten.

Durch die Nutzung von Branchendaten zur Ermittlung von Markttrends und Verbrauchernachfrage können Sie fundiertere Entscheidungen darüber treffen, welche Produkte Sie anbieten und wie Sie diese auf dem Markt positionieren wollen. Dies kann letztlich zu mehr Erfolg und Rentabilität für Ihr Online-Geschäft führen.

2. Überwachen Sie soziale Medien und Online-Plattformen:

Social-Media-Plattformen, Blogs und Online-Foren können eine großartige Informationsquelle sein, um herauszufinden, woran die Verbraucher interessiert sind und worüber sie sprechen. Behalten Sie beliebte Hashtags im Auge und sehen Sie, was die Leute über verschiedene Produkte und Marken sagen.

Im Folgenden finden Sie einige Tipps für die Nutzung von sozialen Medien und Online-Plattformen zur Ermittlung von Markttrends und Verbrauchernachfrage:

a. **Folgen Sie relevanten Hashtags**: Viele Menschen verwenden Hashtags, um Inhalte zu kategorisieren und zu teilen, die sich auf bestimmte Themen oder Interessen beziehen. Indem Sie relevante Hashtags verfolgen, können Sie sehen, was die Leute über verschiedene Produkte und Marken sagen, und erhalten ein Gefühl dafür, was derzeit beliebt ist.

b. **Überwachen Sie Markenerwähnungen**: Verfolgen Sie, wann und wo Ihre Marke oder Ihr Produkt online erwähnt wird. Dies kann Ihnen helfen zu verstehen, wie die Verbraucher mit Ihrer Marke interagieren und was sie über sie sagen.

c. **Treten Sie Online-Gruppen und Gemeinschaften bei:** Es gibt viele Online-Gruppen und -Gemeinschaften, die sich mit bestimmten Branchen oder Interessen befassen. Der Beitritt zu diesen Gruppen und die Teilnahme an Diskussionen können Aufschluss darüber geben, wofür sich die Menschen interessieren und nach welchen Produkten sie suchen.

d. **Nutzen Sie Social Listening Tools:** Es gibt verschiedene Tools, mit denen Sie Gespräche in sozialen Medien und die Erwähnung bestimmter Schlüsselwörter oder Phrasen verfolgen und analysieren können. Diese Tools können nützlich sein, um Trends zu erkennen und die Verbraucherstimmung zu verschiedenen Produkten und Marken zu verstehen.

Durch die Beobachtung von sozialen Medien und Online-Plattformen können Sie auf dem Laufenden bleiben, worüber die Menschen sprechen, und ein Gefühl dafür bekommen, welche Produkte und Marken bei den Verbrauchern gut ankommen. Dies können wertvolle Informationen sein, die Sie bei der Auswahl von Produkten für Ihr Online-Geschäft berücksichtigen können.

3. Durchführung von Kundenbefragungen und Fokusgruppen:

Wenn Sie Ihre derzeitigen oder potenziellen Kunden direkt nach ihren Bedürfnissen und Vorlieben fragen, können Sie wertvolle Erkenntnisse darüber gewinnen, welche Produkte sie suchen. Erwägen Sie die Durchführung von Online-Umfragen oder Fokusgruppen, um diese Informationen zu sammeln.

Im Folgenden finden Sie einige Tipps, wie Sie diese Forschungsmethoden optimal nutzen können:

a. **Entwickeln Sie klare und spezifische Fragen**: Um die nützlichsten Informationen zu erhalten, ist es wichtig, gezielte, spezifische Fragen zu stellen. Überlegen Sie, was Sie erfahren möchten und wie Sie die Informationen für Ihre Produktauswahl nutzen wollen.

b. **Verwenden Sie eine Vielzahl von Umfragemethoden**: Umfragen können online, per E-Mail, per Telefon oder persönlich durchgeführt werden. Wählen Sie die Methode, die für Ihr Unternehmen und Ihr Zielpublikum am sinnvollsten ist.

c. Bieten Sie Anreize: Um die Teilnahme an Ihrer Umfrage oder Fokusgruppe zu fördern, sollten Sie Anreize wie Rabatte, kostenlose Produkte oder andere Vergünstigungen anbieten.

d. **Analysieren und interpretieren Sie die Ergebnisse:** Sobald Sie die Daten aus Ihren Umfragen oder Fokusgruppen gesammelt haben, ist es wichtig, die Ergebnisse sorgfältig zu analysieren und zu interpretieren. Suchen Sie nach Mustern und Trends und überlegen Sie, wie die Informationen Ihre Entscheidungen bei der Produktauswahl beeinflussen können.

Insgesamt können Kundenbefragungen und Fokusgruppen ein wertvolles Instrument sein, um Erkenntnisse über die Nachfrage und die Vorlieben der Verbraucher zu gewinnen. Mithilfe dieser Methoden können Sie ein tieferes Verständnis dafür gewinnen, was Kunden suchen, und diese Informationen nutzen, um fundierte Entscheidungen bei der Produktauswahl zu treffen.

4. Behalten Sie die Wettbewerber im Auge:

Wenn Sie verfolgen, was Ihre Wettbewerber anbieten und wie sie ihre Produkte positionieren, können Sie Marktlücken und potenzielle Chancen für Ihre eigenen Produkte erkennen.

Es gibt verschiedene Möglichkeiten, Ihre Konkurrenten und deren Produkte zu beobachten, z. B:

a. **Besuchen Sie regelmäßig ihre Websites und Online-Shops**: Verfolgen Sie, welche Produkte angeboten werden, wie sie beworben werden und ob es Änderungen oder Aktualisierungen der Produktlinien gibt.

b. **Melden Sie sich für den Newsletter des Unternehmens an oder folgen Sie ihm in den sozialen Medien**: So können Sie sich über neue Produkte oder Werbeaktionen informieren lassen.

c. **Nutzen Sie Tools, um die Platzierungen und die Sichtbarkeit Ihrer Konkurrenten in den Suchmaschinen zu verfolgen**: Es gibt viele Tools, mit denen Sie sehen können, wie die Produkte Ihrer Konkurrenten in den Suchergebnissen abschneiden und wie viel Traffic ihre Websites erhalten. So können Sie sich ein Bild davon machen, wie erfolgreich die Produkte Ihrer Konkurrenten sind und wie Sie sich mit Ihrem eigenen Angebot abheben können.

d. **Erwägen Sie die Durchführung einer Wettbewerbsanalyse**: Eine eingehendere Analyse Ihrer Konkurrenten kann Ihnen helfen, deren Stärken und Schwächen zu verstehen und Chancen für Ihre eigenen Produkte zu erkennen. Dabei können Sie unter anderem deren Produkte, Preise, Marketingstrategien und Kundenrezensionen untersuchen.

Durch regelmäßige Beobachtung Ihrer Konkurrenten können Sie sich über deren Aktivitäten auf dem Laufenden halten und diese Informationen nutzen, um fundierte Entscheidungen über Ihre eigene Produktauswahl und -

positionierung zu treffen. So können Sie wettbewerbsfähig bleiben und sich möglicherweise einen Vorteil auf dem Markt verschaffen. Wenn Sie sich die Zeit nehmen, Markttrends und Verbrauchernachfrage zu erforschen und zu verstehen, können Sie fundierte Entscheidungen darüber treffen, welche Produkte Sie anbieten und wie Sie diese auf dem Markt positionieren. Dies kann letztlich zu mehr Erfolg und Rentabilität für Ihr Online-Geschäft führen.

Durchführen einer Wettbewerbsanalyse

beinhaltet eine gründliche Untersuchung und Bewertung Ihrer Konkurrenten und deren Produkte, um deren Stärken und Schwächen zu verstehen und Chancen für Ihre eigenen Produkte zu erkennen. Dies kann ein wichtiger Schritt im Prozess der Produktauswahl sein, da es Ihnen helfen kann, fundierte Entscheidungen darüber zu treffen, welche Produkte Sie anbieten und wie Sie diese auf dem Markt positionieren wollen.

Die Durchführung einer Wettbewerbsanalyse erfolgt in mehreren Schritten:

Identifizieren Sie Ihre Konkurrenten:

Erstellen Sie zunächst eine Liste aller Unternehmen, die ähnliche Produkte wie Ihr Zielmarkt verkaufen. Dies kann sowohl direkte als auch indirekte Wettbewerber umfassen.

a. **Definieren Sie Ihren Zielmarkt:** Bevor Sie Ihre Konkurrenten identifizieren können, ist es wichtig, Ihren Zielmarkt klar zu definieren. Überlegen Sie, wer

Ihre idealen Kunden sind und nach welchen Produkten oder Dienstleistungen sie suchen. So können Sie den Kreis der potenziellen Wettbewerber eingrenzen.

b. **Nutzen Sie Suchmaschinen, um Konkurrenten zu ermitteln**: Durch die Suche in gängigen Suchmaschinen wie Google und Bing können Sie Unternehmen ausfindig machen, die ähnliche Produkte oder Dienstleistungen anbieten wie Sie. Suchen Sie nach Websites, die für Schlüsselwörter, die mit Ihrer Produktkategorie zusammenhängen, gut platziert sind.

c. **Nutzen Sie Online-Verzeichnisse und -Marktplätze:** Online-Verzeichnisse wie Yelp und Google My Business sowie Marktplätze wie Amazon und Etsy können nützlich sein, um Konkurrenten ausfindig zu machen. Auf diesen Plattformen sind oft Unternehmen aufgeführt, die ähnliche Produkte oder Dienstleistungen anbieten.

d. **Analysieren Sie die Websites Ihrer Konkurrenten:** Sobald Sie potenzielle Konkurrenten ermittelt haben, nehmen Sie sich etwas Zeit, um deren Websites und Online-Shops zu prüfen. Schauen Sie sich die angebotenen Produkte, die Preisgestaltung, das Branding und die Marketingmaßnahmen an. So können Sie sich ein Bild von deren Zielmarkt und Wettbewerbsposition machen.

Indem Sie Ihre Konkurrenten identifizieren, können Sie den Markt besser verstehen und wissen, was nötig ist, um auf ihm erfolgreich zu sein. Dies kann Ihnen helfen, fundierte Entscheidungen darüber zu treffen, welche

Produkte Sie anbieten und wie Sie diese positionieren, um sich auf dem Markt abzuheben.

Sammeln Sie Informationen über Ihre Konkurrenten:

Recherchieren Sie die Produkte, Preise, Marketingstrategien und Kundenrezensionen Ihrer Konkurrenten. Suchen Sie nach einzigartigen Merkmalen oder Vorteilen, die sie anbieten, sowie nach Bereichen, in denen ihre Produkte möglicherweise Mängel aufweisen.

Hier sind einige Möglichkeiten, Informationen über Ihre Konkurrenten zu sammeln:

a. **Überprüfen Sie deren Websites und Online-Shops**: Nehmen Sie sich etwas Zeit, um die Websites und Online-Shops Ihrer Konkurrenten im Detail zu prüfen. Schauen Sie sich die angebotenen Produkte, die Preisgestaltung, das Branding und die Marketingmaßnahmen an. So erhalten Sie einen Eindruck von ihrem Zielmarkt und ihrer Wettbewerbsposition.

b. **Analysieren Sie ihre Präsenz in den sozialen Medien**: Viele Unternehmen nutzen soziale Medien, um mit Kunden in Kontakt zu treten und ihre Produkte zu bewerben. Prüfen Sie die Social-Media-Seiten Ihrer Konkurrenten, um ein Gefühl für deren Markenidentität und Marketingstrategien zu bekommen.

c. **Lesen Sie Kundenrezensionen und -bewertungen**: Kundenrezensionen und -bewertungen können eine wertvolle Quelle für Informationen über die Produkte

Ihrer Konkurrenten sein. Suchen Sie nach Bewertungen auf deren Websites sowie auf Online-Marktplätzen und Verzeichnissen.

d. **Nutzen Sie Tools, um deren Online-Leistung zu verfolgen:** Es gibt viele Tools, mit denen Sie die Online-Performance Ihrer Konkurrenten verfolgen können, z. B. deren Website-Traffic, Suchmaschinenplatzierungen und Engagement in den sozialen Medien. Diese können Ihnen einen Eindruck davon vermitteln, wie erfolgreich ihre Produkte sind und wie sie von den Kunden wahrgenommen werden.

Indem Sie so viele Informationen wie möglich über Ihre Konkurrenten sammeln, können Sie deren Stärken und Schwächen besser einschätzen und Chancen für Ihre eigenen Produkte erkennen. Dies kann Ihnen letztlich helfen, fundierte Entscheidungen darüber zu treffen, welche Produkte Sie anbieten und wie Sie diese auf dem Markt positionieren wollen.

1. Analysieren Sie die Stärken und Schwächen Ihrer Konkurrenten:

Nutzen Sie die gesammelten Informationen, um die Stärken und Schwächen Ihrer Konkurrenten zu ermitteln. Überlegen Sie, was ihre Produkte für die Kunden attraktiv macht und wo sie möglicherweise anfällig sind.

Hier sind einige Möglichkeiten, die Stärken und Schwächen Ihrer Konkurrenten zu analysieren:

a. **Suchen Sie nach Lücken auf dem Markt**: Ermitteln Sie Bereiche, in denen die Produkte oder Dienstleistungen Ihrer Konkurrenten Lücken aufweisen, und überlegen Sie, wie Ihre eigenen Produkte diese Lücken füllen können. Wenn die Produkte Ihrer Konkurrenten beispielsweise von geringer Qualität oder überteuert sind, haben Sie vielleicht die Möglichkeit, qualitativ hochwertigere Produkte zu einem günstigeren Preis anzubieten.

b. **Vergleichen Sie Ihre Produkte mit denen der Konkurrenz**: Vergleichen Sie Ihre Produkte mit denen Ihrer Konkurrenten in Bezug auf Merkmale, Nutzen und Preis. So können Sie feststellen, in welchen Bereichen Ihre Produkte überlegen sind oder wo Sie Verbesserungen vornehmen müssen.

c. **Analysieren Sie die Marketingbemühungen Ihrer Konkurrenten**: Schauen Sie sich an, wie Ihre Konkurrenten für ihre Produkte werben, und versuchen Sie, etwaige Schwachstellen in ihren Marketingbemühungen zu erkennen. Wenn sie z. B. soziale Medien nicht effektiv nutzen oder nicht die richtige Zielgruppe ansprechen, haben Sie vielleicht die Möglichkeit, Ihre eigenen Produkte zu differenzieren.

d. **Bewerten Sie den Kundenservice Ihrer Konkurrenten**: Schauen Sie sich an, wie Ihre Konkurrenten den Kundenservice handhaben, z. B. bei der Beantwortung von Kundenanfragen und bei der Lösung von Problemen, die auftreten. Dies kann Ihnen einen Eindruck davon vermitteln, wie sie ihre Kunden wertschätzen und wie Sie sich mit Ihrem eigenen Kundenservice abheben können.

Durch die Analyse der Stärken und Schwächen Ihrer Konkurrenten erhalten Sie ein besseres Verständnis dafür, wie Ihre eigenen Produkte im Vergleich abschneiden, und erkennen Verbesserungsmöglichkeiten. Dies kann Ihnen letztlich helfen, fundierte Entscheidungen darüber zu treffen, welche Produkte Sie anbieten und wie Sie diese auf dem Markt positionieren wollen.

2. Legen Sie fest, wie Sie Ihre eigenen Produkte differenzieren können:

Überlegen Sie auf der Grundlage Ihrer Analyse, wie Sie Ihre eigenen Produkte von den Angeboten Ihrer Konkurrenten abheben können. Dies könnte bedeuten, dass Sie einzigartige Merkmale oder Vorteile anbieten, ein anderes Marktsegment ansprechen oder Ihre Produkte auf andere Weise positionieren.
Hier sind einige Möglichkeiten, Ihre Produkte zu differenzieren:

a. **Bieten Sie einzigartige Merkmale oder Vorteile**: Suchen Sie nach Möglichkeiten, Ihre Produkte zu differenzieren, indem Sie Merkmale oder Vorteile anbieten, die Ihre Konkurrenten nicht haben. Das kann etwas so Einfaches sein wie ein praktischeres Verpackungsdesign oder ein haltbareres Material.

b. **Positionieren Sie Ihre Produkte anders**: Überlegen Sie, wie Sie Ihre Produkte anders als Ihre Wettbewerber positionieren können. Dies könnte bedeuten, dass Sie ein anderes Marktsegment ansprechen oder Ihre Produkte als erschwinglicher oder hochwertiger positionieren.

c. **Konzentrieren Sie sich auf das Kundenerlebnis:** Überlegen Sie, wie Sie Ihre Produkte durch ein besseres Kundenerlebnis differenzieren können. Dies könnte bedeuten, dass Sie einen besseren Kundenservice anbieten, individuellere Empfehlungen geben oder bequemere Versandoptionen anbieten.

d. **Denken Sie an Ihr Branding und Ihre Marketingmaßnahmen**: Auch Ihr Branding und Ihre Marketingmaßnahmen können zur Differenzierung Ihrer Produkte beitragen. Überlegen Sie, wie Sie eine einzigartige Markenidentität schaffen und gezielte Marketingkampagnen einsetzen können, um sich auf dem Markt abzuheben.

Indem Sie Ihre Produkte differenzieren, können Sie den Kunden einen Grund geben, sich für Ihre Produkte und nicht für die der Konkurrenz zu entscheiden. Dies kann Ihnen letztlich helfen, Ihren Umsatz zu steigern und ein erfolgreiches Online-Geschäft aufzubauen.

3. Beobachten Sie Ihre Konkurrenten kontinuierlich:

Verfolgen Sie alle Änderungen oder Aktualisierungen der Produkte und Strategien Ihrer Konkurrenten und passen Sie bei Bedarf Ihre eigene Produktauswahl und Positionierung an.

Hier sind einige Möglichkeiten, Ihre Konkurrenten laufend zu beobachten:

a. **Richten Sie Google Alerts ein:** Google Alerts ist ein kostenloser Dienst, mit dem Sie Benachrichtigungen erhalten können, wenn bestimmte Schlüsselwörter, wie z. B. die Firmennamen oder Produktnamen Ihrer Konkurrenten, online erwähnt werden. Auf diese Weise bleiben Sie über alle Aktualisierungen oder Neuigkeiten in Bezug auf Ihre Konkurrenten informiert.

b. **Folgen Sie ihnen in den sozialen Medien:** Viele Unternehmen nutzen soziale Medien, um neue Produkte, Werbeaktionen und andere Aktualisierungen anzukündigen. Folgen Sie Ihren Konkurrenten in den sozialen Medien, um über ihre Aktivitäten informiert zu bleiben.

c. **Beobachten Sie Online-Marktplätze und -Verzeichnisse:** Online-Marktplätze und -Verzeichnisse wie Amazon und Yelp haben oft Rubriken für Kundenrezensionen und -bewertungen. Behalten Sie diese im Auge, um zu sehen, wie die Produkte Ihrer Konkurrenten bei den Kunden ankommen.

d. **Nutzen Sie Tools, um deren Online-Leistung zu verfolgen:** Es gibt viele Tools, mit denen Sie die Online-Performance Ihrer Konkurrenten verfolgen können, z. B. deren Website-Traffic, Suchmaschinenplatzierungen und Engagement in den sozialen Medien. Diese können Ihnen einen Eindruck davon vermitteln, wie erfolgreich ihre Produkte sind und wie sie von den Kunden wahrgenommen werden.

Durch die kontinuierliche Beobachtung Ihrer Konkurrenten können Sie sich über deren Aktivitäten auf dem Laufenden halten und etwaige Veränderungen oder Trends auf dem Markt erkennen.

Durch die Durchführung einer Wettbewerbsanalyse können Sie den Markt und Ihre Konkurrenten besser verstehen und diese Informationen nutzen, um fundierte Entscheidungen über Ihre eigene Produktauswahl und -positionierung zu treffen. Dies kann Ihnen helfen, wettbewerbsfähig zu bleiben und Ihre Erfolgschancen auf dem Markt zu erhöhen.

Sammeln von Kundenfeedback und -bewertungen

ist ein wichtiger Teil des Produktauswahlprozesses für den Online-Verkauf. Diese Informationen können Ihnen dabei helfen, zu verstehen, was Ihre Kunden an Ihren Produkten mögen und was nicht, und mögliche Probleme oder notwendige Verbesserungen zu erkennen. Hier sind einige Möglichkeiten, Kundenfeedback und -bewertungen zu sammeln:

1. Ermutigen Sie Ihre Kunden, Bewertungen auf Ihrer Website oder in Ihrem Online-Shop zu hinterlassen:

Auf vielen Online-Plattformen wie Amazon und Etsy können Kunden Bewertungen zu den von ihnen gekauften Produkten abgeben. Ermutigen Sie Ihre Kunden dazu, Bewertungen zu hinterlassen, indem Sie in Ihren Auftragsbestätigungs-E-Mails oder in den sozialen Medien eine Bitte um Feedback aufnehmen.

a. **Machen Sie es den Kunden leicht, Bewertungen zu hinterlassen**: Sorgen Sie dafür, dass Ihre Kunden den Bereich für Bewertungen auf Ihrer Website oder in Ihrem Online-Shop leicht finden können. Erwägen Sie, einen Link zum Bewertungsbereich in Ihre Bestellbestätigungs-E-Mails oder auf Ihren Social-Media-Seiten aufzunehmen.

b. **Reagieren Sie zeitnah und professionell auf Bewertungen**: Wenn Kunden sich die Zeit nehmen, eine Bewertung zu hinterlassen, ist es wichtig, dass Sie sich für ihr Feedback erkenntlich zeigen. Reagieren Sie zeitnah und professionell auf Bewertungen, bedanken Sie sich bei den Kunden für ihr Feedback und gehen Sie auf alle Probleme oder Bedenken ein, die sie geäußert haben.

c. **Bieten Sie Anreize an:** Bieten Sie Anreize an, z. B. Rabatte oder kostenlosen Versand, um Kunden zu ermutigen, Bewertungen zu hinterlassen. Dies kann besonders effektiv sein, wenn Sie ein neues Produkt haben, für das Sie mehr Bewertungen erhalten möchten.

d. **Machen Sie deutlich, dass Sie Wert auf Kundenfeedback legen:** Machen Sie Ihren Kunden deutlich, dass Sie ihr Feedback zu schätzen wissen und dass Sie es nutzen, um Ihre Produkte und Dienstleistungen zu verbessern. Dies kann mehr Kunden dazu ermutigen, Bewertungen zu hinterlassen und das Vertrauen in Ihre Marke zu stärken.

Indem Sie Ihre Kunden ermutigen, Bewertungen auf Ihrer Website oder in Ihrem Online-Shop zu hinterlassen, können Sie wertvolles Feedback zu Ihren Produkten sammeln und es nutzen, um fundierte Entscheidungen über Ihre Produktauswahl zu treffen. Dies kann Ihnen letztlich helfen, den Umsatz zu steigern und ein erfolgreiches Online-Geschäft aufzubauen.

2. Nutzen Sie soziale Medien, um Feedback einzuholen:

Social-Media-Plattformen wie Twitter und Facebook können eine gute Möglichkeit sein, mit Kunden in Kontakt zu treten und Feedback zu sammeln. Sie können einen Hashtag einrichten oder eine Umfrage erstellen, um Kunden nach ihren Erfahrungen mit Ihren Produkten zu fragen.

a. **Ermutigen Sie Ihre Kunden, auf Ihren Social-Media-Seiten Rezensionen oder Bewertungen zu hinterlassen**: Auf vielen Social-Media-Plattformen wie Facebook und Instagram können Nutzer Rezensionen oder Bewertungen für Unternehmen hinterlassen. Ermutigen Sie Ihre Kunden, ihr Feedback zu hinterlassen, indem Sie diese Funktion auf Ihren Social-Media-Seiten bewerben und auf Bewertungen zeitnah und professionell reagieren.

b. **Nutzen Sie Umfragen in sozialen Medien**: Viele Social-Media-Plattformen, wie Twitter und Instagram, verfügen über integrierte Tools zur Erstellung von Umfragen. Nutzen Sie diese, um Kunden spezifische Fragen zu ihren Erfahrungen mit Ihren Produkten zu stellen.

c. **Beobachten Sie Erwähnungen in sozialen Medien**: Achten Sie auf den Plattformen der sozialen Medien auf Erwähnungen Ihres Unternehmens oder Ihrer Produkte. Dies kann Ihnen dabei helfen, etwaige Probleme oder Bedenken von Kunden zu erkennen und rechtzeitig darauf zu reagieren.

- d. **Nutzen Sie soziale Medien, um um Feedback zu bitten:** Bitten Sie Ihre Kunden in den sozialen Medien direkt um ihr Feedback zu Ihren Produkten. Sie können soziale Medien auch nutzen, um nach Vorschlägen für neue Produkte oder Verbesserungsideen zu fragen.

Indem Sie sich aktiv mit Ihren Kunden in den sozialen Medien austauschen und ihr Feedback einholen, erhalten Sie wertvolle Erkenntnisse darüber, was sie von Ihren Produkten halten und wie Sie sie verbessern können. Dies kann Ihnen helfen, fundierte Entscheidungen darüber zu treffen, welche Produkte Sie anbieten und wie Sie sie auf dem Markt positionieren.

3. Führen Sie Kundenbefragungen durch:

Online-Umfragen sind eine nützliche Methode, um detailliertes Feedback von Kunden zu erhalten. Bieten Sie Anreize wie Rabatte oder kostenlosen Versand, um die Teilnahme zu fördern.

- a. **Legen Sie die Ziele Ihrer Umfrage fest:** Bevor Sie Ihre Umfrage erstellen, sollten Sie festlegen, was Sie sich von ihr erhoffen. Dies hilft Ihnen bei der Erstellung von Fragen, die zielgerichtet und relevant für Ihre Bedürfnisse sind.

- b. **Halten Sie Ihre Umfrage kurz und konzentriert:** Es ist wichtig, dass Sie Ihre Umfrage kurz und konzentriert halten, um eine hohe Beantwortungsquote zu erreichen. Erwägen Sie, die Anzahl der Fragen auf etwa 10-15 zu begrenzen, und vermeiden Sie zu viele offene Fragen, da die Beantwortung dieser Fragen für die Kunden zeitaufwändig sein kann.

c. **Bieten Sie Anreize, um die Teilnahme zu fördern:** Bieten Sie Anreize, wie z. B. Rabatte oder kostenlosen Versand, um Kunden zur Teilnahme an Ihrer Umfrage zu bewegen. Dies kann besonders effektiv sein, wenn Sie einen großen Kundenstamm haben und versuchen, eine hohe Beantwortungsquote zu erreichen.

d. **Analysieren Sie die Ergebnisse Ihrer Umfrage:** Sobald Sie die Antworten auf Ihre Umfrage gesammelt haben, ist es wichtig, die Ergebnisse zu analysieren und Trends oder Muster zu erkennen. Suchen Sie nach gemeinsamen Problemen oder Verbesserungsvorschlägen und nutzen Sie diese Informationen, um fundierte Entscheidungen zu treffen.

4. Nutzen Sie die Interaktionen mit dem Kundendienst als Gelegenheit, Feedback einzuholen:

Jedes Mal, wenn ein Kunde mit Ihrem Unternehmen Kontakt aufnimmt, sei es per E-Mail, Telefon oder über soziale Medien, sollten Sie die Gelegenheit nutzen und um Feedback bitten. Dies kann Ihnen helfen, Fragen oder Probleme zu erkennen, die Sie angehen müssen.

a. **Schulen Sie Kundendienstmitarbeiter darin, um Feedback zu bitten:** Stellen Sie sicher, dass Ihr

Kundendienstteam darin geschult ist, die Kunden um Feedback zu bitten. Ziehen Sie in Erwägung, dies in ihr Standard-Skript aufzunehmen oder einen speziellen Prozess für das Einholen von Feedback zu entwickeln.

b. **Nutzen Sie die Interaktionen mit dem Kundendienst als Gelegenheit, Probleme zu lösen:** Wenn sich ein Kunde mit einem Problem oder Anliegen an Ihr Unternehmen wendet, nutzen Sie die Gelegenheit, das Problem zu lösen und Feedback über die Erfahrung zu sammeln. Dies kann Ihnen dabei helfen, Verbesserungsmöglichkeiten zu erkennen und Vertrauen bei Ihren Kunden aufzubauen.

c. **Setzen Sie sich nach der Lösung eines Problems mit dem Kunden in Verbindung**: Nachdem Sie ein Problem gelöst haben, sollten Sie sich mit dem Kunden in Verbindung setzen und ihn um Feedback zum Problemlösungsprozess bitten. Dies kann Ihnen dabei helfen, verbesserungswürdige Bereiche zu identifizieren und sicherzustellen, dass die Kunden mit Ihrem Kundenservice zufrieden sind.

d. **Nutzen Sie Kundenfeedback, um Verbesserungen vorzunehmen:** Überprüfen Sie regelmäßig die Rückmeldungen, die Sie im Rahmen des Kundendienstes erhalten haben, und nutzen Sie sie, um Ihre Produkte und Dienstleistungen zu verbessern. So können Sie besser auf die Bedürfnisse Ihrer Kunden eingehen und die Kundenzufriedenheit erhöhen.

Indem Sie die Interaktionen mit dem Kundenservice als Gelegenheit nutzen, um Feedback zu sammeln, können

Sie wertvolle Erkenntnisse über Ihre Produkte und Dienstleistungen gewinnen und diese nutzen

Durch das Einholen von Kundenfeedback und -rezensionen erhalten Sie wertvolle Erkenntnisse darüber, was die Kunden von Ihren Produkten halten und wie sie verbessert werden können. Dies kann Ihnen letztlich dabei helfen, bessere Entscheidungen darüber zu treffen, welche Produkte Sie anbieten und wie Sie sie auf dem Markt positionieren wollen

Kapitel III. Bewertung der Durchführbarkeit des Produkts

Bewertung der Produktionskosten und der potenziellen Rentabilität

Bei der Auswahl von Produkten für Ihr Online-Geschäft ist es wichtig, die Produktionskosten und die potenzielle Rentabilität der einzelnen Produkte sorgfältig zu prüfen. Dies wird Ihnen helfen, fundierte Entscheidungen darüber zu treffen, welche Produkte Sie anbieten und wie Sie den Preis gestalten. Im Folgenden finden Sie einige Tipps zur Bewertung der Produktionskosten und der potenziellen Rentabilität:

1. Berechnen Sie die Gesamtkosten der Produktion:

Um die potenzielle Rentabilität eines Produkts beurteilen zu können, müssen Sie die Gesamtkosten der Produktion kennen. Dazu gehören die Material- und Arbeitskosten sowie alle anderen mit der Herstellung des Produkts verbundenen Ausgaben.

Um die Gesamtproduktionskosten zu berechnen, müssen Sie die folgenden Faktoren berücksichtigen:

a. **Materialien**: Die Materialien, die zur Herstellung des Produkts verwendet werden, machen einen großen Teil der Produktionskosten aus. Berücksichtigen Sie die Kosten für jedes Material sowie die für jedes Produkt benötigte Menge.

b. **Arbeit**: Die mit der Herstellung des Produkts verbundenen Arbeitskosten müssen ebenfalls berücksichtigt werden. Dazu gehören alle Löhne und Gehälter, die an die am Produktionsprozess beteiligten Mitarbeiter gezahlt werden, sowie alle Sozialleistungen und sonstigen beschäftigungsbezogenen Ausgaben.

c. **Gemeinkosten**: Gemeinkosten sind Ausgaben, die nicht direkt mit der Herstellung eines bestimmten Produkts zusammenhängen, aber für den Betrieb des Unternehmens notwendig sind. Beispiele für Gemeinkosten sind Miete, Versorgungsleistungen und Versicherungen.

d. **Zusätzliche Kosten:** Bei der Herstellung des Produkts können weitere Kosten anfallen, z. B. für Verpackung und Versand. Diese müssen ebenfalls in die Gesamtkosten der Produktion einbezogen werden.

Durch die Berechnung der Gesamtproduktionskosten können Sie sich ein klares Bild von den Kosten machen, die mit der Herstellung des Produkts verbunden sind, und feststellen, ob das Produkt wahrscheinlich rentabel sein wird.

2. Berücksichtigen Sie die Nachfrage nach dem Produkt:

Die Nachfrage nach einem Produkt kann sich auf seine Rentabilität auswirken. Überlegen Sie, wie groß der Markt für das Produkt ist und ob die Nachfrage wahrscheinlich ausreicht, um die Produktionskosten zu rechtfertigen.

Bei der Bewertung der potenziellen Rentabilität eines Produkts ist es wichtig, die Nachfrage nach dem Produkt zu berücksichtigen. Die Nachfrage nach einem Produkt kann seine Rentabilität auf verschiedene Weise beeinflussen:

a. **Marktgröße**: Die Größe des Marktes für ein Produkt wirkt sich auf dessen potenzielle Rentabilität aus. Wenn der Markt klein ist, kann es sein, dass die Nachfrage nicht ausreicht, um die Produktionskosten zu rechtfertigen. Ist der Markt hingegen groß, bieten sich möglicherweise mehr Absatz- und Rentabilitätsmöglichkeiten.

b. **Wettbewerb**: Der Grad des Wettbewerbs auf dem Markt für ein Produkt kann sich auch auf seine potenzielle Rentabilität auswirken. Wenn es viele ähnliche Produkte gibt, kann es schwieriger sein, das Produkt gewinnbringend zu verkaufen.

c. **Kundennachfrage**: Auch die Nachfrage der Kunden nach einem Produkt kann sich auf seine potenzielle Rentabilität auswirken. Wenn ein Produkt stark nachgefragt wird, kann es unter Umständen zu einem höheren Preis verkauft werden und trotzdem rentabel sein.

Wenn Sie die Nachfrage nach einem Produkt berücksichtigen, können Sie dessen potenzielle Rentabilität besser einschätzen und fundierte Entscheidungen darüber treffen, welche Produkte Sie anbieten und wie Sie diese bepreisen sollen.

3. Legen Sie den Preispunkt für das Produkt fest:

Nachdem Sie die Gesamtproduktionskosten berechnet und die Nachfrage nach dem Produkt ermittelt haben, müssen Sie den Preis bestimmen, zu dem Sie das Produkt verkaufen können und der noch rentabel ist. Dies hängt von einer Reihe von Faktoren ab, darunter die Konkurrenz, der wahrgenommene Wert des Produkts und die Preispunkte ähnlicher Produkte auf dem Markt.

Hier sind einige Faktoren, die bei der Festlegung des Preises für ein Produkt zu berücksichtigen sind:

a. **Wettbewerb**: Die Preise ähnlicher Produkte auf dem Markt können sich auf den Preis auswirken, zu dem Sie Ihr eigenes Produkt verkaufen können. Berücksichtigen Sie die Preise ähnlicher Produkte und wie Ihr Produkt in Bezug auf Merkmale, Qualität und andere Faktoren im Vergleich abschneidet.

b. **Wahrgenommener Wert:** Der wahrgenommene Wert eines Produkts kann sich auch auf seinen Preis auswirken. Wenn Kunden ein Produkt als qualitativ hochwertig oder mit einzigartigen Vorteilen wahrnehmen, können Sie es möglicherweise zu einem höheren Preis verkaufen.

c. **Produktionskosten:** Auch die Produktionskosten des Produkts müssen bei der Festlegung des Preispunkts berücksichtigt werden. Sie müssen sicherstellen, dass der Preispunkt es Ihnen ermöglicht, Ihre Produktionskosten zu decken und rentabel zu sein.

d. **Zielmarkt**: Auch der Zielmarkt für das Produkt kann sich auf den Preis auswirken. Wenn Sie sich an einen wohlhabenderen Markt wenden, können Sie das Produkt möglicherweise zu einem höheren Preis verkaufen.

Wenn Sie diese Faktoren sorgfältig abwägen, können Sie den Preis bestimmen, zu dem Sie das Produkt verkaufen können und der noch rentabel ist. Dies wird Ihnen helfen, fundierte Entscheidungen darüber zu treffen, welche Produkte Sie anbieten und wie Sie diese bepreisen wollen.

4. Überprüfen Sie regelmäßig Ihre Preisgestaltung:

Es ist wichtig, Ihre Preisgestaltung regelmäßig zu überprüfen, um sicherzustellen, dass Sie weiterhin rentabel sind. Berücksichtigen Sie dabei Faktoren wie Änderungen bei den Materialkosten.

Hier sind einige Faktoren, die Sie bei der Überprüfung Ihrer Preisgestaltung berücksichtigen sollten:

a. **Änderungen der Produktionskosten:** Die Kosten für Material, Arbeit und andere Ausgaben im Zusammenhang mit der Herstellung eines Produkts können sich im Laufe der Zeit ändern. Überprüfen Sie diese Kosten regelmäßig und passen Sie Ihre Preise bei Bedarf an, um sicherzustellen, dass Sie weiterhin rentabel arbeiten.

b. **Veränderungen auf dem Markt:** Auch der Markt für ein Produkt kann sich im Laufe der Zeit verändern, was sich auf seine Rentabilität auswirken kann. Berücksichtigen Sie Faktoren wie Änderungen des

Wettbewerbsniveaus, die Nachfrage nach dem Produkt und die Preise ähnlicher Produkte.

c. **Kundenfeedback**: Kundenfeedback kann ebenfalls eine nützliche Informationsquelle für die Überprüfung Ihrer Preisgestaltung sein. Berücksichtigen Sie alle Kommentare oder Vorschläge, die Kunden zur Preisgestaltung Ihrer Produkte gemacht haben, und nutzen Sie diese Informationen, um fundierte Entscheidungen über Ihre Preisgestaltung zu treffen.

d. **Gewinnspannen:** Es ist wichtig, dass Sie Ihre Gewinnspannen regelmäßig überprüfen, um sicherzustellen, dass Sie mit jedem Produkt einen ausreichenden Gewinn erzielen. Wenn Ihre Gewinnspannen zu niedrig sind, müssen Sie möglicherweise Ihre Preise anpassen, um die Rentabilität zu gewährleisten.

Indem Sie Ihre Preisgestaltung regelmäßig überprüfen, können Sie sicherstellen, dass Sie rentabel arbeiten, und gegebenenfalls Anpassungen an Ihrer Preisstrategie vornehmen. Dies kann Ihnen letztlich helfen, ein erfolgreiches Online-Geschäft aufrechtzuerhalten.

5. Bestimmung des richtigen Preispunktes für das Produkt

ist ein wichtiger Teil des Produktauswahlprozesses für den Online-Verkauf. Der Preispunkt wirkt sich auf die Rentabilität des Produkts aus und kann auch die Kundennachfrage und die Wahrnehmung des Produkts beeinflussen. Hier sind einige Faktoren, die bei der Bestimmung des richtigen Preispunktes für ein Produkt zu berücksichtigen sind:

a. **Produktionskosten:** Die Produktionskosten eines Produkts sind ein Schlüsselfaktor bei der Festlegung des Preispunkts. Sie müssen sicherstellen, dass der Preispunkt es Ihnen ermöglicht, Ihre Produktionskosten zu decken und rentabel zu sein.

b. **Nachfrage nach dem Produkt:** Auch die Nachfrage nach einem Produkt kann sich auf den Preis auswirken. Wenn ein Produkt sehr gefragt ist, können Sie es möglicherweise zu einem höheren Preis verkaufen. Ist die Nachfrage hingegen gering, müssen Sie möglicherweise den Preis senken, um den Absatz zu steigern.

c. **Wettbewerb**: Die Preise ähnlicher Produkte auf dem Markt können sich auch auf den Preis Ihres eigenen Produkts auswirken. Berücksichtigen Sie die Preise ähnlicher Produkte und wie Ihr Produkt in Bezug auf Merkmale, Qualität und andere Faktoren im Vergleich abschneidet.

d. **Wahrgenommener Wert**: Der wahrgenommene Wert eines Produkts kann sich auch auf seinen Preis auswirken. Wenn Kunden ein Produkt als qualitativ hochwertig oder mit einzigartigen Vorteilen wahrnehmen, können Sie es möglicherweise zu einem höheren Preis verkaufen.

Hier sind einige Möglichkeiten, den wahrgenommenen Wert eines Produkts zu erhöhen:

a. **Heben Sie einzigartige Merkmale hervor**: Stellen Sie sicher, dass die Kunden über alle einzigartigen oder besonderen Merkmale Ihres Produkts informiert sind.

Dies kann dazu beitragen, dass sich das Produkt auf dem Markt abhebt und sein wahrgenommener Wert steigt.

b. **Heben Sie die Vorteile hervor**: Konzentrieren Sie sich auf die Vorteile, die Ihr Produkt den Kunden bietet und wie es ihre Probleme lösen oder ihre Bedürfnisse erfüllen kann. Dies kann dazu beitragen, den wahrgenommenen Wert des Produkts zu erhöhen.

c. **Verwenden Sie hochwertige Materialien**: Die Verwendung hochwertiger Materialien und Konstruktionstechniken kann den wahrgenommenen Wert eines Produkts erhöhen. Die Kunden sind möglicherweise bereit, mehr für ein Produkt zu bezahlen, das sie als gut gemacht und langlebig empfinden.

d. **Verwenden Sie eine wirksame Verpackung**: Auch die Verpackung kann sich auf den wahrgenommenen Wert eines Produkts auswirken. Eine hochwertige, attraktive Verpackung kann den wahrgenommenen Wert des Produkts steigern und es für die Kunden attraktiver machen.

Wenn Sie den wahrgenommenen Wert eines Produkts erhöhen, können Sie es möglicherweise zu einem höheren Preis verkaufen und die Rentabilität steigern.

Wenn Sie diese Faktoren berücksichtigen, können Sie den richtigen Preis für ein Produkt bestimmen und sicherstellen, dass es rentabel ist. Dies wird Ihnen helfen, fundierte Entscheidungen darüber zu treffen, welche Produkte Sie anbieten und wie Sie diese bepreisen wollen.

Sicherstellung, dass das Produkt die gesetzlichen und behördlichen Anforderungen erfüllt

ist ein wichtiger Bestandteil des Produktauswahlverfahrens für den Online-Verkauf. Die Nichteinhaltung dieser Anforderungen kann rechtliche Folgen haben und den Ruf Ihres Unternehmens schädigen. Im Folgenden finden Sie einige Tipps, wie Sie sicherstellen können, dass ein Produkt die rechtlichen und regulatorischen Anforderungen erfüllt:

1. Recherchieren Sie die geltenden Gesetze und Vorschriften:

Je nach dem Produkt und dem Ort, an dem es verkauft werden soll, können verschiedene Gesetze und Vorschriften gelten. Informieren Sie sich über diese Gesetze und Vorschriften, um sicherzustellen, dass das Produkt alle relevanten Anforderungen erfüllt.

Im Folgenden finden Sie einige Schritte, die Sie bei der Recherche nach den geltenden Gesetzen und Vorschriften beachten sollten:

- **Ermitteln Sie die relevanten Gesetze und Vorschriften**: Je nach dem Produkt und dem Ort, an dem es verkauft werden soll, kann eine Vielzahl von Gesetzen und Vorschriften gelten. Einige gängige Beispiele sind Verbraucherschutzgesetze, Sicherheitsvorschriften sowie Kennzeichnungs- und Verpackungsvorschriften.

- **Recherchieren Sie die Anforderungen:** Sobald Sie die relevanten Gesetze und Vorschriften ermittelt haben, recherchieren Sie die spezifischen Anforderungen, die für das Produkt gelten. Dazu kann es erforderlich sein, den Text der Gesetze und Verordnungen zu lesen oder sich mit Rechts- oder Regulierungsexperten zu beraten.

- **Stellen Sie fest, ob das Produkt die Anforderungen erfüllt:** Stellen Sie auf der Grundlage Ihrer Recherchen fest, ob das Produkt alle relevanten Anforderungen erfüllt. Wenn dies nicht der Fall ist, prüfen Sie, ob es möglich ist, Änderungen am Produkt vorzunehmen, um die Einhaltung der Anforderungen zu gewährleisten.

Indem Sie sich über die geltenden Gesetze und Vorschriften informieren, können Sie sicherstellen, dass das Produkt alle relevanten Anforderungen erfüllt und legal verkauft werden kann. So können Sie Ihr Unternehmen schützen und rechtliche Konsequenzen vermeiden.

2. Holen Sie alle erforderlichen Genehmigungen und Lizenzen ein:

Für einige Produkte sind besondere Genehmigungen oder Lizenzen erforderlich, damit sie legal verkauft werden können. Vergewissern Sie sich, dass Sie alle erforderlichen Genehmigungen oder Lizenzen einholen, bevor Sie das Produkt zum Verkauf anbieten.

a. **Stellen Sie fest, ob eine Genehmigung oder Lizenz erforderlich ist**: Je nach dem Produkt und dem Ort, an dem es verkauft werden soll, benötigen Sie möglicherweise eine spezielle Genehmigung oder

Lizenz, um das Produkt legal verkaufen zu können. Informieren Sie sich über die geltenden Gesetze und Vorschriften, um festzustellen, ob eine Genehmigung oder Lizenz erforderlich ist.

b. **Geben Sie an, welche spezielle Genehmigung oder Lizenz erforderlich ist**: Wenn eine Genehmigung oder Lizenz erforderlich ist, ermitteln Sie die Art der benötigten Genehmigung oder Lizenz. Dies kann die Rücksprache mit Behörden oder Rechtsexperten erfordern.

c. **Beantragen Sie die Genehmigung oder Lizenz**: Sobald Sie wissen, welche Genehmigung oder Lizenz erforderlich ist, folgen Sie den Schritten zur Beantragung der Genehmigung oder Lizenz. Dazu gehört möglicherweise das Ausfüllen eines Antrags, die Vorlage von Unterlagen und die Zahlung von Gebühren.

d. **Warten Sie auf die Genehmigung:** Nachdem Sie die Genehmigung oder Lizenz beantragt haben, warten Sie auf die Genehmigung der zuständigen Behörde. Sobald Sie die Genehmigung erhalten haben, können Sie das Produkt legal verkaufen.

Indem Sie alle erforderlichen Genehmigungen oder Lizenzen einholen, können Sie sicherstellen, dass Sie das Produkt legal verkaufen können und Ihr Unternehmen schützen.

3. Kennzeichnungs- und Verpackungsvorschriften beachten:

Für die Kennzeichnung und Verpackung eines Produkts können besondere Anforderungen gelten. Achten Sie darauf, dass diese Anforderungen eingehalten werden, um sicherzustellen, dass das Produkt ordnungsgemäß gekennzeichnet und verpackt ist.

Im Folgenden sind einige Schritte aufgeführt, die bei der Einhaltung der Kennzeichnungs- und Verpackungsvorschriften zu beachten sind:

a. **Recherchieren Sie die geltenden Anforderungen:** Recherchieren Sie die Kennzeichnungs- und Verpackungsvorschriften, die für das Produkt gelten. Dazu können Anforderungen an die Größe und Platzierung von Etiketten, die Informationen, die auf Etiketten enthalten sein müssen, und die Materialien, die für die Verpackung verwendet werden müssen, gehören.

b. **Entwerfen Sie die Etiketten und die Verpackung:** Entwerfen Sie auf der Grundlage der geltenden Anforderungen die Etiketten und Verpackungen für das Produkt. Achten Sie darauf, dass sie alle erforderlichen Informationen enthalten und alle spezifischen Richtlinien für Größe, Platzierung und Materialien befolgen.

c. **Testen Sie die Etiketten und Verpackungen**: Testen Sie vor der Massenproduktion des Produkts die Etiketten und Verpackungen, um sicherzustellen, dass sie alle geltenden Anforderungen erfüllen. Dazu kann es erforderlich sein, eine kleine Auflage des Produkts herzustellen und von einer Aufsichtsbehörde prüfen zu lassen.

    d. **Aktualisieren Sie Etiketten und Verpackungen nach Bedarf**: Wenn Änderungen am Produkt vorgenommen werden, müssen die Etiketten und Verpackungen aktualisiert werden, um sicherzustellen, dass sie weiterhin allen geltenden Anforderungen entsprechen.

Indem Sie die Kennzeichnungs- und Verpackungsvorschriften einhalten, können Sie die Verbraucher schützen und sicherstellen, dass sie über das Produkt, das sie kaufen, richtig informiert sind. Dies kann letztlich dazu beitragen, Vertrauen und Ansehen für Ihr Unternehmen zu schaffen.

    4. Beachten Sie die Sicherheitsvorschriften:

Viele Produkte unterliegen Sicherheitsvorschriften zum Schutz der Verbraucher. Vergewissern Sie sich, dass das Produkt alle einschlägigen Sicherheitsvorschriften erfüllt, damit es sicher verwendet werden kann.

Indem Sie sicherstellen, dass ein Produkt die gesetzlichen und behördlichen Anforderungen erfüllt, können Sie Ihr Unternehmen schützen und sicherstellen, dass Sie das Produkt legal verkaufen können.

Im Folgenden finden Sie einige Schritte, die Sie bei der Einhaltung der Sicherheitsvorschriften beachten sollten:

a. **Recherchieren Sie die geltenden Sicherheitsvorschriften:** Recherchieren Sie die Sicherheitsvorschriften, die für das Produkt gelten. Dazu können Vorschriften in Bezug auf Materialien, Konstruktion und Leistung gehören.

b. **Stellen Sie sicher, dass das Produkt den Sicherheitsvorschriften entspricht:** Vergewissern Sie sich auf der Grundlage Ihrer Recherchen, dass das Produkt alle einschlägigen Sicherheitsvorschriften erfüllt. Dazu kann es erforderlich sein, das Produkt zu testen oder sich mit Sicherheitsexperten zu beraten.

c. **Geben Sie Sicherheitsinformationen auf Etiketten und Verpackungen an**: Achten Sie darauf, dass alle erforderlichen Sicherheitsinformationen auf den Etiketten und Verpackungen des Produkts angegeben sind. Dazu können Warnhinweise oder Anweisungen für den sicheren Gebrauch gehören.

d. **Sicherheitsprobleme überwachen:** Überwachen Sie das Produkt auf etwaige Sicherheitsprobleme und ergreifen Sie erforderlichenfalls geeignete Maßnahmen. Dies kann den Rückruf des Produkts oder eine Warnung an die Verbraucher beinhalten.

Wenn Sie die Sicherheitsvorschriften einhalten, können Sie die Verbraucher schützen und rechtliche Konsequenzen für Ihr Unternehmen vermeiden. Dies kann letztlich dazu beitragen, Vertrauen und Ansehen für Ihr Unternehmen zu schaffen.

Kapitel IV. Auswahl der Quellen

Identifizierung und Bewertung potenzieller Lieferanten

ist ein wichtiger Teil des Produktauswahlprozesses für den Online-Verkauf. Die Wahl der richtigen Lieferanten kann sich auf die Qualität und Zuverlässigkeit Ihrer Produkte sowie auf Ihre Gesamtrentabilität auswirken. Im Folgenden finden Sie einige Schritte, die Sie bei der Identifizierung und Bewertung potenzieller Lieferanten beachten sollten:

1. Ermitteln Sie Ihren Bedarf:

Bevor Sie sich auf die Suche nach Lieferanten begeben, sollten Sie Ihren spezifischen Bedarf ermitteln. Berücksichtigen Sie Faktoren wie die Art des Produkts, das Sie kaufen möchten, die Menge, die Sie benötigen, und alle spezifischen Anforderungen oder Präferenzen, die Sie haben.

Hier sind einige Faktoren, die Sie bei der Ermittlung Ihres Bedarfs berücksichtigen sollten:

a. **Art des Produkts:** Überlegen Sie sich, welche Art von Produkt Sie kaufen wollen und welche besonderen Anforderungen Sie an das Produkt stellen. Sie können zum Beispiel nach einem bestimmten Material, einer bestimmten Größe oder Farbe suchen.

b. **Menge**: Denken Sie an die Menge des Produkts, das Sie kaufen wollen. Auf diese Weise können Sie feststellen, ob Sie einen Lieferanten benötigen, der in der Lage ist, große Bestellungen zu bewältigen, oder ob ein kleinerer Lieferant ausreicht.

c. **Lieferzeiten**: Berücksichtigen Sie die von Ihnen gewünschten Lieferzeiten. Wenn Sie das Produkt schnell benötigen, müssen Sie einen Lieferanten suchen, der in der Lage ist, pünktlich zu liefern.

d. **Zahlungsbedingungen:** Überlegen Sie sich, welche Zahlungsbedingungen Sie bevorzugen, z. B. ob Sie lieber im Voraus oder bei Lieferung zahlen möchten. Dies kann Ihnen helfen, Ihre Suche auf Lieferanten einzugrenzen, die die von Ihnen bevorzugten Zahlungsbedingungen anbieten.

Wenn Sie diese Faktoren berücksichtigen, können Sie Ihren spezifischen Bedarf ermitteln und Ihre Suche nach potenziellen Lieferanten entsprechend ausrichten. So können Sie sicherstellen, dass Sie einen Anbieter finden, der Ihren Bedürfnissen und Anforderungen gerecht wird.

2. Recherchieren Sie potenzielle Lieferanten:

Es gibt viele Möglichkeiten, potenzielle Lieferanten zu recherchieren, z. B. Online-Verzeichnisse, Fachmessen und Branchenverbände. Suchen Sie nach Anbietern, die die Art von Produkt anbieten, an der Sie interessiert sind, und die Ihre spezifischen Anforderungen erfüllen.

Im Folgenden finden Sie einige Schritte, die Sie bei der Suche nach potenziellen Lieferanten beachten sollten:

a. **Nutzen Sie Online-Verzeichnisse**: Es gibt viele Online-Verzeichnisse, in denen Anbieter aus den verschiedensten Branchen aufgeführt sind. Suchen Sie nach Anbietern, die die Art von Produkt anbieten, an der Sie interessiert sind, und die Ihren spezifischen Anforderungen entsprechen.

b. **Besuchen Sie Fachmessen:** Messen können eine gute Möglichkeit sein, potenzielle Lieferanten zu treffen und ihre Produkte persönlich zu sehen. Suchen Sie nach Messen, die für Ihre Branche relevant sind, und besuchen Sie sie, um potenzielle Lieferanten zu treffen.

c. **Treten Sie Branchenverbänden bei**: Die Mitgliedschaft in Branchenverbänden kann eine gute Möglichkeit sein, potenzielle Lieferanten kennenzulernen und sich über deren Produkte zu informieren. Suchen Sie nach Verbänden, die für Ihre Branche relevant sind, und erwägen Sie einen Beitritt, um Ihr Netzwerk potenzieller Lieferanten zu erweitern.

d. **Bitten Sie um Empfehlungen:** Bitten Sie andere Geschäftsinhaber oder Branchenexperten um Empfehlungen für potenzielle Lieferanten. Sie können Ihnen wertvolle Einblicke und persönliche Erfahrungen vermitteln, die Ihnen helfen können, eine fundierte Entscheidung zu treffen.

Wenn Sie diese Schritte befolgen, können Sie potenzielle Anbieter recherchieren und eine Liste der in Frage kommenden Optionen erstellen. So können Sie sicherstellen, dass Sie einen Anbieter finden, der Ihren Bedürfnissen und Anforderungen gerecht wird.

3. Bewerten Sie den Ruf des Anbieters:

Die Reputation ist ein wichtiger Faktor bei der Auswahl eines Lieferanten. Achten Sie auf Lieferanten mit einem guten Ruf in der Branche, da dies ein Indikator für die Qualität ihrer Produkte und ihre Zuverlässigkeit als Lieferant sein kann.

Im Folgenden finden Sie einige Schritte, die Sie bei der Bewertung des Rufs des Lieferanten beachten sollten:

a. **Recherchieren Sie Online-Bewertungen**: Suchen Sie nach Online-Bewertungen des Anbieters, um sich einen Eindruck von seinem Ruf zu verschaffen. Berücksichtigen Sie sowohl positive als auch negative Bewertungen, da sie wertvolle Einblicke in die Stärken und Schwächen des Anbieters geben können.

b. **Fragen Sie nach Referenzen:** Bitten Sie den Anbieter um Referenzen von anderen Unternehmen, mit denen er zusammengearbeitet hat. Wenden Sie sich an diese Unternehmen, um ihre Meinung über den Anbieter einzuholen und nach ihren Erfahrungen zu fragen.

c. **Prüfen Sie auf Branchenauszeichnungen oder Zertifizierungen**: Achten Sie auf Branchenauszeichnungen oder Zertifizierungen, die der Anbieter erhalten hat. Diese können ein Indikator für den Ruf des Lieferanten in der Branche sein.

d. **Berücksichtigen Sie die Historie des Anbieters:** Recherchieren Sie die Historie des Lieferanten, um sich ein Bild von seiner Erfolgsbilanz zu machen. Achten Sie auf rote Fahnen, die auf Probleme mit dem

Lieferanten hinweisen, wie z. B. verspätete Lieferungen oder Produktrückrufe.

Indem Sie den Ruf des Lieferanten bewerten, können Sie sich ein besseres Bild von seiner Zuverlässigkeit und der Qualität seiner Produkte machen. Auf diese Weise können Sie eine fundiertere Entscheidung über die Zusammenarbeit mit dem Anbieter treffen.

4. Beachten Sie die Preisgestaltung und die Konditionen des Anbieters:

Der Preis ist ein wichtiger Faktor bei der Auswahl eines Lieferanten, aber nicht der einzige. Achten Sie auch auf die Bedingungen des Lieferanten, einschließlich Zahlungsbedingungen, Lieferzeiten und Mindestbestellmengen.

Im Folgenden finden Sie einige Schritte, die Sie bei der Prüfung der Preise und Bedingungen des Lieferanten beachten sollten:

a. **Bitten Sie um Angebote:** Fordern Sie Angebote von mehreren Anbietern an, um ein Gefühl für die Preise zu bekommen, die sie anbieten. Achten Sie darauf, dass Sie jedem Anbieter die gleichen Angaben machen, damit Sie genaue Vergleiche anstellen können.

b. **Vergleichen Sie die Preise:** Vergleichen Sie die Preise verschiedener Anbieter, um festzustellen, welcher Anbieter das beste Preis-Leistungs-Verhältnis bietet. Denken Sie daran, dass der niedrigste Preis nicht immer die beste Option ist, da er mit minderwertigen Produkten oder ungünstigeren Bedingungen einhergehen kann.

c. **Berücksichtigen Sie die Bedingungen des Lieferanten:** Achten Sie nicht nur auf den Preis, sondern auch auf die Bedingungen des Lieferanten, einschließlich Zahlungsbedingungen, Lieferzeiten und Mindestbestellmengen. Diese Bedingungen können sich auf Ihre Gesamtkosten und die Zuverlässigkeit des Lieferanten auswirken, daher sollten Sie sie bei Ihrer Entscheidung berücksichtigen.

d. **Verhandeln Sie:** Wenn die Bedingungen oder Preise des Lieferanten nicht günstig sind, versuchen Sie zu verhandeln, um eine Vereinbarung zu erzielen, die für Ihr Unternehmen besser geeignet ist.

Indem Sie die Preisgestaltung und die Konditionen des Anbieters prüfen, können Sie eine fundierte Entscheidung darüber treffen, welcher Anbieter das beste Preis-Leistungs-Verhältnis für Ihr Unternehmen bietet. So können Sie sicherstellen, dass Sie einen Anbieter finden, der Ihre Bedürfnisse und Anforderungen zu einem für Ihr Unternehmen angemessenen Preis erfüllen kann.

5. Bewerten Sie die Produktqualität des Lieferanten:

Die Produktqualität ist bei der Auswahl eines Lieferanten entscheidend. Stellen Sie sicher, dass Sie die Qualität der Produkte des Lieferanten gründlich bewerten, bevor Sie eine Entscheidung treffen.

Im Folgenden finden Sie einige Schritte, die Sie bei der Bewertung der Produktqualität des Lieferanten beachten sollten:

a. **Prüfen Sie Produktmuster:** Bitten Sie den Lieferanten um Produktmuster, damit Sie sich ein Bild von der Qualität seiner Produkte machen können. Prüfen Sie die Muster sorgfältig und berücksichtigen Sie Faktoren wie die verwendeten Materialien, die Verarbeitung und das allgemeine Erscheinungsbild des Produkts.

b. **Fragen Sie nach Produktspezifikationen:** Fordern Sie die Produktspezifikationen des Lieferanten an, damit Sie sich ein genaues Bild von den Merkmalen und Eigenschaften des Produkts machen können. Vergleichen Sie die Spezifikationen mit Ihren eigenen Anforderungen und Bedürfnissen, um sicherzustellen, dass das Produkt Ihren Erwartungen entspricht.

c. **Verlangen Sie Prüfergebnisse oder Zertifizierungen:** Fragen Sie den Lieferanten nach Testergebnissen oder Zertifizierungen, die die Qualität seiner Produkte belegen. Dazu können Testergebnisse Dritter oder Zertifizierungen von Branchenorganisationen gehören.

d. **Berücksichtigen Sie die Erfolgsbilanz des Lieferanten:** Recherchieren Sie die Erfolgsbilanz des Lieferanten, um ein Gefühl für seine Produktqualität zu bekommen. Achten Sie auf Probleme, die in der Vergangenheit aufgetreten sind, z. B. Produktrückrufe oder Kundenbeschwerden.

Indem Sie die Produktqualität des Lieferanten bewerten, können Sie eine fundierte Entscheidung darüber treffen, ob seine Produkte Ihren Bedürfnissen und Erwartungen entsprechen. So können Sie sicherstellen, dass Sie einen Lieferanten finden, der in der Lage ist, hochwertige Produkte zu liefern, die für Ihr Unternehmen geeignet sind.

Wenn Sie diese Schritte befolgen, können Sie potenzielle Lieferanten ermitteln und bewerten, um sicherzustellen, dass Sie den besten für Ihr Unternehmen auswählen.

Verhandlung von Bedingungen und Preisen

mit potenziellen Lieferanten ist ein wichtiger Teil des Prozesses der Identifizierung und Bewertung potenzieller Lieferanten. Durch Verhandlungen können Sie unter Umständen günstigere Bedingungen oder einen besseren Preis für die von Ihnen erworbenen Produkte erzielen. Im Folgenden finden Sie einige Tipps für die Verhandlung von Bedingungen und Preisen mit potenziellen Lieferanten:

1. Bestimmen Sie Ihre Verhandlungsposition:

Bevor Sie mit den Verhandlungen beginnen, sollten Sie sich über Ihre Verhandlungsposition im Klaren sein. Berücksichtigen Sie Faktoren wie die Nachfrage nach dem Produkt, die Verfügbarkeit alternativer Anbieter sowie Ihr eigenes Budget und Ihre Bedürfnisse.

Hier sind einige Faktoren, die Sie bei der Bestimmung Ihrer Verhandlungsposition berücksichtigen sollten:

a. **Nachfrage nach dem Produkt:** Berücksichtigen Sie die Nachfrage nach dem Produkt, das Sie kaufen möchten. Wenn das Produkt sehr gefragt ist, haben Sie möglicherweise mehr Verhandlungsmacht, da der Lieferant eher zu Kompromissen bereit ist, um sich Ihr Geschäft zu sichern.

b. **Verfügbarkeit von alternativen Anbietern:** Überlegen Sie, ob es für das Produkt, das Sie kaufen möchten, andere Lieferanten gibt. Wenn viele andere Anbieter verfügbar sind, haben Sie möglicherweise mehr Verhandlungsmacht, da der Anbieter eher zu Kompromissen bereit ist, um sich Ihren Auftrag zu sichern.

c. **Ihr Budget und Ihre Bedürfnisse:** Berücksichtigen Sie Ihr eigenes Budget und Ihre Bedürfnisse, wenn Sie Ihre Verhandlungsposition festlegen. Wenn Sie ein begrenztes Budget haben oder besondere Anforderungen an das Produkt stellen, kann sich dies auf Ihre Verhandlungsposition auswirken.

Wenn Sie diese Faktoren berücksichtigen, können Sie Ihre Verhandlungsposition bestimmen und eine Strategie für die Verhandlungen mit dem Lieferanten entwickeln. Dies kann Ihnen helfen, die Bedingungen und Preise effektiv auszuhandeln und günstigere Bedingungen für Ihr Unternehmen zu sichern.

2. Recherchieren Sie die Marktpreise:

Recherchieren Sie die Marktpreise für das Produkt, das Sie kaufen möchten, um ein Gefühl für den üblichen Preis zu bekommen. So können Sie feststellen, ob der Preis des Anbieters angemessen ist oder ob Sie Verhandlungsspielraum haben.

Hier sind einige Schritte, die Sie bei der Recherche von Marktpreisen beachten sollten:

a. **Suchen Sie nach vergleichbaren Produkten**: Suchen Sie nach ähnlichen Produkten von anderen Anbietern, um ein Gefühl für den Preis des Produkts zu bekommen, an dem Sie interessiert sind. Achten Sie darauf, Äpfel mit Äpfeln zu vergleichen, indem Sie nach Produkten mit ähnlichen Eigenschaften und Qualitäten suchen.

b. **Prüfen Sie Online-Händler:** Suchen Sie nach dem Produkt, das Sie kaufen möchten, bei Online-Händlern wie Amazon oder eBay. So können Sie sich ein Bild vom Marktpreis des Produkts machen.

c. **Holen Sie Angebote von mehreren Anbietern ein:** Fordern Sie Angebote von mehreren Anbietern an, um ein Gefühl für die Preise zu bekommen, die sie anbieten. Achten Sie darauf, dass Sie jedem Anbieter dieselben Angaben machen, damit Sie genaue Vergleiche anstellen können.

d. **Berücksichtigen Sie eventuelle Rabatte oder Sonderangebote**: Denken Sie daran, dass der Lieferant möglicherweise Rabatte oder Sonderangebote anbietet, die sich auf den Preis auswirken können. Achten Sie darauf, diese beim Preisvergleich zu berücksichtigen.

Wenn Sie die Marktpreise recherchieren, erhalten Sie ein Gefühl für den Preis des Produkts, das Sie kaufen möchten, und können feststellen, ob der Preis des Lieferanten angemessen ist oder ob Sie Verhandlungsspielraum haben. Dies kann Ihnen helfen, die Bedingungen und Preise effektiv auszuhandeln und ein besseres Geschäft für Ihr Unternehmen zu erzielen.

3. Kommunizieren Sie klar und deutlich Ihre Bedürfnisse und Anforderungen:

Teilen Sie dem Anbieter Ihre Bedürfnisse und Anforderungen klar und deutlich mit. So können Sie sicherstellen, dass Sie beide auf derselben Seite stehen und sich auf eine für beide Seiten vorteilhafte Lösung konzentrieren können.

Im Folgenden finden Sie einige Schritte, die Sie unternehmen sollten, um Ihre Bedürfnisse und Anforderungen klar zu kommunizieren:

a. **Erstellen Sie eine Liste mit Ihren Bedürfnissen und Anforderungen:** Erstellen Sie eine Liste mit Ihren spezifischen Bedürfnissen und Anforderungen an das Produkt, das Sie kaufen möchten. Seien Sie so spezifisch wie möglich, um sicherzustellen, dass Sie beide auf der gleichen Seite sind.

b. **Kommunizieren Sie Ihre Bedürfnisse und Anforderungen an den Anbieter:** Teilen Sie dem Anbieter klar und deutlich Ihre Bedürfnisse und Anforderungen mit. Hören Sie sich dessen Antworten an und seien Sie offen für Diskussionen und Verhandlungen.

c. **Verhandeln Sie, um eine für beide Seiten vorteilhafte Lösung zu finden:** Seien Sie offen für Verhandlungen und bereit, Kompromisse einzugehen. Bieten Sie Kompromisse an, z. B. einen höheren Preis im Gegenzug für längere Zahlungsfristen oder einen größeren Auftrag.

d. **Lassen Sie sich alles schriftlich geben**: Lassen Sie sich alle Vereinbarungen oder Änderungen der Bedingungen schriftlich geben, um Missverständnisse oder Streitigkeiten zu vermeiden.

Wenn Sie Ihre Bedürfnisse und Anforderungen klar kommunizieren und offen für Verhandlungen sind, können Sie mit dem Lieferanten effektiv über Bedingungen und Preise verhandeln und eine für beide Seiten vorteilhafte Lösung finden. Dies kann Ihnen helfen, günstigere Bedingungen für Ihr Unternehmen zu sichern.

4. Seien Sie flexibel:

Seien Sie offen für Verhandlungen und zu Kompromissen bereit. Bieten Sie Kompromisse an, z. B. einen höheren Preis im Gegenzug für längere Zahlungsfristen oder einen größeren Auftrag.

Im Folgenden finden Sie einige Tipps, wie Sie bei Verhandlungen mit potenziellen Lieferanten flexibel vorgehen können:

a. **Ziehen Sie Kompromisse in Betracht**: Seien Sie bereit, Kompromisse einzugehen, um eine für beide Seiten vorteilhafte Lösung zu finden. Sie könnten zum Beispiel bereit sein, einem höheren Preis zuzustimmen, wenn Sie dafür längere Zahlungsfristen oder einen größeren Auftrag erhalten.

b. **Seien Sie bereit zu verhandeln:** Scheuen Sie sich nicht, mit dem Anbieter zu verhandeln. Es ist wichtig, daran zu denken, dass auch sie eine Lösung suchen, die für sie funktioniert. Seien Sie also offen, verschiedene Optionen zu diskutieren und einen Kompromiss zu finden.

c. **Seien Sie aufgeschlossen:** Seien Sie bei den Verhandlungen mit dem Lieferanten aufgeschlossen. Seien Sie bereit, verschiedene Optionen in Betracht zu ziehen, und seien Sie offen für Vorschläge des Lieferanten.

d. **Seien Sie bereit zu kündigen:** Es ist zwar wichtig, flexibel zu sein, aber man muss auch darauf vorbereitet sein, sich zurückzuziehen, wenn der Anbieter nicht bereit ist, Ihre Bedürfnisse zu erfüllen, oder wenn keine Einigung erzielt werden kann.

Wenn Sie flexibel und offen für Verhandlungen sind, können Sie mit potenziellen Lieferanten effektiv über Bedingungen und Preise verhandeln und eine für beide Seiten vorteilhafte Lösung finden. Dies kann Ihnen helfen, günstigere Bedingungen für Ihr Unternehmen zu sichern.

5. Halten Sie alles schriftlich fest:

Achten Sie darauf, alle Vereinbarungen oder Änderungen der Bedingungen schriftlich festzuhalten, um Missverständnisse oder Streitigkeiten zu vermeiden.

Im Folgenden finden Sie einige Tipps, wie Sie bei Verhandlungen mit potenziellen Lieferanten alles schriftlich festhalten können:

a. **Verwenden Sie einen schriftlichen Vertrag**: Verwenden Sie einen schriftlichen Vertrag, um die Bedingungen des Geschäfts zu dokumentieren. Ein Vertrag sollte Details wie den Preis, die Zahlungsbedingungen, die Liefertermine und alle anderen relevanten Bedingungen enthalten.

b. **Nehmen Sie alle vereinbarten Bedingungen auf**: Achten Sie darauf, alle vereinbarten Bedingungen in den Vertrag aufzunehmen. Seien Sie so spezifisch wie möglich, damit es keinen Raum für Missverständnisse oder Unklarheiten gibt.

c. **Lassen Sie beide Parteien den Vertrag unterschreiben**: Lassen Sie beide Parteien den Vertrag unterschreiben, um ihr Einverständnis mit den Bedingungen zu bekunden.

d. **Bewahren Sie eine Kopie des Vertrags auf**: Bewahren Sie eine Kopie des Vertrags für Ihre Unterlagen auf. Dies kann nützlich sein, wenn es in der Zukunft Probleme oder Streitigkeiten gibt, die gelöst werden müssen.

Indem Sie alles schriftlich festhalten und einen schriftlichen Vertrag verwenden, können Sie sicherstellen, dass die Bedingungen des Geschäfts klar dokumentiert sind und es keinen Raum für Missverständnisse oder Unklarheiten gibt. Dies kann dazu beitragen, Ihre

Interessen zu schützen und Streitigkeiten im Nachhinein zu vermeiden.

Wenn Sie diese Tipps befolgen, können Sie effektiv mit potenziellen Lieferanten über Bedingungen und Preise verhandeln und sich günstigere Konditionen für Ihr Unternehmen sichern.

Aufbau von Beziehungen zu Lieferanten

ist ein wichtiger Bestandteil der Unternehmensführung und kann eine Reihe von Vorteilen mit sich bringen. Gute Beziehungen zu Lieferanten können zu einer verbesserten Kommunikation, besseren Preisen und zuverlässigeren Lieferzeiten führen, was alles zu einem reibungslosen Ablauf Ihres Unternehmens beitragen kann. Im Folgenden finden Sie einige Tipps für den Aufbau von Beziehungen zu Lieferanten:

Regelmäßig kommunizieren:

Regelmäßige Kommunikation mit Ihren Lieferanten ist der Schlüssel zum Aufbau einer starken Beziehung. Achten Sie darauf, sie über alle Änderungen oder Aktualisierungen in Ihrem Unternehmen auf dem Laufenden zu halten, und gehen Sie auf ihre Anfragen ein.

Hier finden Sie einige Möglichkeiten, um regelmäßig mit Ihren Lieferanten zu kommunizieren:

a. **Vereinbaren Sie regelmäßige Besprechungen**: Planen Sie regelmäßige Besprechungen mit Ihren Lieferanten, um alle Aktualisierungen oder Änderungen in Ihrem Unternehmen zu besprechen.

Auf diese Weise können Sie sicherstellen, dass Sie beide auf dem gleichen Stand sind und alle Probleme oder Bedenken rechtzeitig angehen können.

b. **Nutzen Sie Kommunikationstools**: Nutzen Sie Kommunikationsmittel wie E-Mail, Telefon oder Messaging-Apps, um mit Ihren Lieferanten in Kontakt zu bleiben. Dies kann die regelmäßige Kommunikation erleichtern und es einfacher machen, in Verbindung zu bleiben.

c. **Teilen Sie wichtige Informationen mit**: Teilen Sie Ihren Lieferanten alle wichtigen Informationen mit, z. B. über Änderungen in Ihrem Unternehmen oder die Einführung neuer Produkte. So können sie Ihre Bedürfnisse besser verstehen und darauf vorbereitet sein, sie zu erfüllen.

d. **Seien Sie ansprechbar**: Reagieren Sie auf alle Anfragen oder Bedenken Ihrer Lieferanten. Dies kann dazu beitragen, dass Probleme oder Bedenken rechtzeitig angegangen werden und dass Sie effektiv zusammenarbeiten können.

Wenn Sie regelmäßig mit Ihren Lieferanten kommunizieren, können Sie eine enge Beziehung aufbauen und sicherstellen, dass Sie beide auf der gleichen Seite stehen. Dies kann dazu beitragen, die Effizienz und Effektivität Ihrer Lieferkette zu verbessern, und zu besseren Ergebnissen für Ihr Unternehmen führen.

Seien Sie zuverlässig:

Achten Sie darauf, dass Sie Ihre Zusagen einhalten und alle Fristen und Vereinbarungen, die Sie mit Ihren Lieferanten getroffen haben, einhalten. Dies kann dazu beitragen, Vertrauen aufzubauen und Sie als zuverlässigen Partner zu etablieren.

Hier sind einige Möglichkeiten, wie Sie bei der Zusammenarbeit mit Ihren Lieferanten zuverlässig sein können:

a. **Halten Sie Fristen ein**: Achten Sie darauf, dass Sie alle mit Ihren Lieferanten vereinbarten Fristen und Liefertermine einhalten. Dies kann dazu beitragen, dass Ihr Geschäft reibungslos läuft und Sie die Anforderungen Ihrer Kunden erfüllen können.

b. **Halten Sie Ihre Zusagen ein**: Halten Sie alle Verpflichtungen ein, die Sie gegenüber Ihren Lieferanten eingegangen sind. Dazu können Dinge wie pünktliche Zahlungen oder die Bereitstellung klarer und genauer Produktspezifikationen gehören.

c. **Halten Sie Ihre Versprechen**: Wenn Sie Ihrem Lieferanten etwas versprechen, sollten Sie es auch halten. Dies kann dazu beitragen, Vertrauen aufzubauen und Sie als zuverlässigen Partner zu etablieren.

d. **Kommunizieren Sie alle Probleme**: Wenn Sie auf Probleme stoßen, die sich auf die Einhaltung Ihrer Verpflichtungen oder Fristen auswirken könnten, sollten Sie dies Ihrem Lieferanten so schnell wie möglich mitteilen. So können Sie ihm helfen, eine Lösung zu finden und Unterbrechungen in Ihrem Unternehmen zu minimieren.

Indem Sie zuverlässig sind und Ihre Zusagen einhalten, können Sie Vertrauen aufbauen und sich bei Ihren Lieferanten als zuverlässiger Partner etablieren. Dies kann dazu beitragen, die Effizienz und Effektivität Ihrer Lieferkette zu verbessern und zu besseren Ergebnissen für Ihr Unternehmen führen.

Zeigen Sie Wertschätzung:

Zeigen Sie Ihre Wertschätzung für Ihre Lieferanten, indem Sie ihnen für ihre harte Arbeit danken und Ihre Wertschätzung für ihre Produkte und Dienstleistungen zum Ausdruck bringen. Dies kann dazu beitragen, eine positive Beziehung aufzubauen.

Hier sind einige Möglichkeiten, wie Sie Ihren Lieferanten Ihre Wertschätzung zeigen können:

a. **Sagen Sie Danke**: Ein einfaches Dankeschön kann viel dazu beitragen, Ihren Lieferanten Ihre Wertschätzung zu zeigen. Danken Sie ihnen für ihre harte Arbeit und für die Produkte und Dienstleistungen, die sie für Ihr Unternehmen bereitstellen.

b. **Hinterlassen Sie positives Feedback**: Wenn Sie mit den Produkten oder Dienstleistungen, die Sie von Ihrem Lieferanten erhalten haben, zufrieden sind, sollten Sie unbedingt eine positive Rückmeldung oder eine Bewertung hinterlassen. Dies kann ihnen helfen, neue Kunden zu gewinnen und ihren Ruf zu verbessern.

c. **Teilen Sie Erfolgsgeschichten**: Teilen Sie Erfolgsgeschichten oder positive Erfahrungen mit, die Sie mit Ihrem Lieferanten gemacht haben. Dies kann ihm helfen, den Wert seiner Produkte oder Dienstleistungen zu erkennen und zu sehen, wie sie Ihrem Unternehmen zu Wachstum verhelfen.

d. **Bieten Sie Anreize**: Bieten Sie Ihren Lieferanten Anreize, um Ihre Wertschätzung zu zeigen. Dazu könnten Dinge wie Boni oder Sonderaktionen gehören.

Wenn Sie Ihren Lieferanten gegenüber Wertschätzung zeigen, können Sie eine positive Beziehung aufbauen und die Partnerschaft stärken. Dies kann dazu beitragen, die Effizienz und Effektivität Ihrer Lieferkette zu verbessern und zu besseren Ergebnissen für Ihr Unternehmen führen.

Seien Sie offen für Feedback:

Seien Sie offen für das Feedback Ihrer Lieferanten und haben Sie ein offenes Ohr für deren Vorschläge und Bedenken. Dies kann dazu beitragen, die Beziehung zu verbessern und zu besseren Ergebnissen für beide Parteien zu führen.

Hier sind einige Möglichkeiten, wie Sie offen für das Feedback Ihrer Lieferanten sein können:

a. **Ermutigen Sie zu Feedback**: Ermuntern Sie Ihre Lieferanten, Ihnen ihr Feedback und ihre Ideen mitzuteilen. Dies kann Ihnen helfen, ihre Perspektive zu verstehen und Verbesserungsmöglichkeiten zu erkennen.

b. **Aktives Zuhören**: Wenn Ihr Lieferant Ihnen Feedback gibt, sollten Sie aktiv zuhören und zeigen, dass Sie aufmerksam sind. Dies kann dazu beitragen, Vertrauen aufzubauen und zu zeigen, dass Sie den Beitrag des Lieferanten schätzen.

c. **Seien Sie offen für Vorschläge**: Seien Sie offen für Vorschläge und Ideen Ihrer Lieferanten. Sie können wertvolle Einblicke oder Vorschläge haben, die zur Verbesserung Ihres Unternehmens oder der Geschäftsbeziehung beitragen können.

d. **Berücksichtigen Sie ihr Feedback**: Berücksichtigen Sie das Feedback und die Vorschläge Ihrer Lieferanten. Selbst wenn Sie ihre Ideen nicht umsetzen, ist es wichtig zu zeigen, dass Sie ihren Beitrag zu schätzen wissen und ihr Feedback berücksichtigt haben.

Wenn Sie enge Beziehungen zu Ihren Lieferanten aufbauen, können Sie eine effizientere und effektivere Lieferkette für Ihr Unternehmen schaffen. So können Sie sicherstellen, dass Sie über die Produkte und Materialien verfügen, die Sie benötigen, um die Bedürfnisse Ihrer Kunden zu erfüllen und Ihr Unternehmen reibungslos zu führen.

Kapitel V. Produktkennzeichnung und -verpackung

Entwicklung einer Markenidentität und eines Messagings für das Produkt

ist ein wichtiger Schritt im Prozess der Produktauswahl. Eine starke Markenidentität und ein wirksames Messaging können dazu beitragen, dass sich Ihr Produkt von der Konkurrenz abhebt und ein klares und einheitliches Image für Ihr Unternehmen entsteht.

Im Folgenden finden Sie einige Tipps für die Entwicklung einer Markenidentität und einer Werbebotschaft für Ihr Produkt:

Definieren Sie Ihren Zielmarkt:

ist ein wichtiger Schritt im Prozess der Entwicklung einer Markenidentität und eines Messagings für Ihr Produkt. Indem Sie Ihren Zielmarkt klar identifizieren, können Sie die Merkmale, Bedürfnisse und Vorlieben der Kunden, die Sie ansprechen möchten, besser verstehen und diese Informationen als Leitfaden für die Entwicklung Ihrer Markenidentität und -botschaft nutzen.

Um Ihren Zielmarkt zu definieren, sollten Sie die folgenden Faktoren berücksichtigen:

a. **Alter**: Ermitteln Sie die Altersspanne Ihrer Zielkunden. Dies kann Ihnen dabei helfen, Ihre Markenidentität und Ihr Messaging auf eine bestimmte Altersgruppe zuzuschneiden.

b. **Geschlecht**: Berücksichtigen Sie das Geschlecht Ihrer Zielkunden und wie sich dies auf Ihre Markenidentität und Ihr Messaging auswirken kann.

c. **Interessen**: Ermitteln Sie die Interessen und Hobbys Ihrer Zielkunden. Dies kann Ihnen dabei helfen, ein Branding und Messaging zu entwickeln, das mit ihren Interessen und Werten übereinstimmt.

d. **Bedürfnisse**: Berücksichtigen Sie die Bedürfnisse und Probleme Ihrer Zielkunden. Dies kann Ihnen helfen, ein Branding und Messaging zu entwickeln, das auf ihre Bedürfnisse eingeht und die Vorteile Ihres Produkts hervorhebt.

Wenn Sie diese Faktoren berücksichtigen, können Sie Ihren Zielmarkt besser verstehen und eine Markenidentität und Botschaften entwickeln, die bei den Kunden ankommen. So können Sie Ihre Zielkunden effektiv erreichen und ansprechen und den Erfolg Ihres Produkts steigern.

Identifizieren Sie Ihre Markenwerte:

ist ein wichtiger Schritt im Prozess der Entwicklung einer Markenidentität und -botschaft für Ihr Produkt. Ihre Markenwerte sollten die einzigartigen Qualitäten und Merkmale Ihres Unternehmens widerspiegeln und als Richtschnur für die Entwicklung Ihrer Markenidentität und -botschaft dienen.

Im Folgenden finden Sie einige Tipps zur Ermittlung Ihrer Markenwerte:

a. **Überlegen Sie sich Ihren Auftrag und Ihre Vision**: Überlegen Sie, welche Aufgabe und Vision Ihr Unternehmen hat und wie sich diese Werte in Ihrer Marke widerspiegeln können.

b. **Identifizieren Sie Ihre Alleinstellungsmerkmale**: Ermitteln Sie die Alleinstellungsmerkmale Ihres Produkts oder Unternehmens und überlegen Sie, wie sich diese in Ihren Markenwerten widerspiegeln können.

c. **Denken Sie über Ihre Unternehmenskultur nach**: Denken Sie über die Kultur Ihres Unternehmens nach und überlegen Sie, wie Ihre Markenwerte diese Kultur widerspiegeln können.

d. **Bestimmen Sie, was Ihre Marke einzigartig macht**: Überlegen Sie, was Ihre Marke einzigartig macht, und nutzen Sie dies als Leitfaden für die Entwicklung Ihrer Markenwerte.

Indem Sie Ihre Markenwerte ermitteln und sie als Leitfaden für die Entwicklung Ihrer Markenidentität und -botschaft verwenden, können Sie ein klares und einheitliches Image für Ihr Unternehmen schaffen und Ihr Produkt von dem Ihrer Mitbewerber abheben. Dies kann dazu beitragen, Kunden anzuziehen und zu binden und Markentreue aufzubauen.

Schaffung einer visuellen Identität:

für Ihre Marke ist ein wichtiger Schritt im Prozess der Entwicklung einer Markenidentität und eines Messagings für Ihr Produkt. Eine visuelle Identität trägt dazu bei, ein einheitliches und unverwechselbares Erscheinungsbild für Ihre Marke zu schaffen, und kann dazu beitragen, Ihr Produkt von der Konkurrenz zu unterscheiden.

Im Folgenden finden Sie einige Tipps zur Schaffung einer visuellen Identität für Ihre Marke:

a. **Entwickeln Sie ein Logo**: Entwerfen Sie ein Logo, das die Werte und die Persönlichkeit Ihrer Marke widerspiegelt. Ihr Logo sollte visuell ansprechend, leicht erkennbar und einfach zu lesen sein.

b. **Wählen Sie ein Farbschema:** Wählen Sie ein Farbschema, das die Werte und die Persönlichkeit Ihrer Marke widerspiegelt. Wählen Sie Farben, die visuell ansprechend sind und gut zusammenpassen.

c. **Wählen Sie eine Schriftart:** Wählen Sie eine Schriftart, die die Werte und die Persönlichkeit Ihrer Marke widerspiegelt und die leicht zu lesen ist.

d. **Verwenden Sie einheitliche Branding-Elemente**: Verwenden Sie konsistente Branding-Elemente, wie Ihr Logo, Farbschema und Schriftart, in all Ihren Marketingmaterialien, um ein einheitliches und unverwechselbares Erscheinungsbild Ihrer Marke zu schaffen.

Durch die Schaffung einer visuellen Identität für Ihre Marke können Sie ein einheitliches und unverwechselbares Erscheinungsbild für Ihr Unternehmen schaffen und Ihr Produkt von dem Ihrer Konkurrenten abheben. Dies kann dazu beitragen, Kunden anzuziehen und zu binden und Markentreue aufzubauen.

Entwicklung einer Markenstimme:

ist ein wichtiger Schritt im Prozess der Entwicklung einer Markenidentität und eines Messagings für Ihr Produkt. Ihre Markenstimme ist der Ton und der Stil Ihrer Botschaften und sollte die Werte und die Persönlichkeit Ihrer Marke widerspiegeln. Durch die Entwicklung einer Markenstimme und deren konsequente Verwendung in all Ihren Botschaften können Sie ein klares und konsistentes Image für Ihre Marke schaffen.

Hier sind einige Tipps für die Entwicklung einer Markenstimme:

a. **Bestimmen Sie den Ton Ihrer Markenstimme**: Überlegen Sie, wie Ihre Markenstimme klingen soll und wie sie die Werte und die Persönlichkeit Ihrer Marke widerspiegeln soll. Ihre Markensprache könnte zum Beispiel seriös und professionell sein, oder sie könnte lustig und locker sein.

b. **Denken Sie an Ihr Publikum**: Überlegen Sie, welche Bedürfnisse und Vorlieben Ihre Zielgruppe hat und wie Sie sie mit Ihrer Marke ansprechen können.

c. **Seien Sie konsequent:** Verwenden Sie Ihre Markensprache durchgängig in Ihrer gesamten Kommunikation, auch in den sozialen Medien, im Blog und im E-Mail-Marketing. Dies kann dazu beitragen, ein klares und einheitliches Bild Ihrer Marke zu schaffen.

d. **Verwenden Sie eine angemessene Sprache:** Verwenden Sie in Ihren Mitteilungen eine angemessene Sprache, die den Ton und den Stil Ihrer Marke widerspiegelt.

Durch die Entwicklung einer Markensprache und deren konsequente Verwendung in all Ihren Mitteilungen können Sie ein klares und einheitliches Bild Ihrer Marke schaffen. Dies kann dazu beitragen, Kunden anzuziehen und zu binden und Markentreue aufzubauen.

Testen und Verfeinern Ihrer Markenidentität und Ihres Messagings:

ist ein wichtiger Schritt im Prozess der Entwicklung einer Markenidentität und einer Botschaft für Ihr Produkt. Indem Sie Ihr Branding mit Ihrem Zielmarkt testen, können Sie sehen, wie es ankommt, und Bereiche identifizieren, die möglicherweise verbessert werden müssen.

Hier finden Sie einige Tipps zum Testen und Verfeinern Ihrer Markenidentität und -botschaft:

a. **Bestimmen Sie Ihren Zielmarkt**: Definieren Sie Ihren Zielmarkt klar, um Ihre Testbemühungen zu lenken. Berücksichtigen Sie Faktoren wie das Alter, das

Geschlecht, die Interessen und die Bedürfnisse Ihrer Zielkunden.

b. **Testen Sie Ihr Branding**: Nutzen Sie Fokusgruppen, Umfragen oder andere Methoden, um Ihr Branding mit Ihrem Zielmarkt zu testen. Auf diese Weise können Sie die Effektivität Ihres Markenauftritts beurteilen und Bereiche ermitteln, die möglicherweise verbessert werden müssen.

c. **Analysieren Sie die Ergebnisse:** Analysieren Sie die Ergebnisse Ihrer Tests, um Bereiche zu ermitteln, die möglicherweise verbessert werden müssen.

d. **Verfeinern Sie nach Bedarf:** Seien Sie offen für eine Verfeinerung und Anpassung Ihrer Markenidentität und Ihres Messagings auf der Grundlage der Testergebnisse. Auf diese Weise können Sie sicherstellen, dass Ihr Branding bei Ihrer Zielgruppe Anklang findet und Ihr Produkt effektiv beworben wird.

Durch das Testen und Verfeinern Ihrer Markenidentität und Ihrer Botschaften können Sie sicherstellen, dass diese bei Ihrer Zielgruppe Anklang finden und Ihr Produkt wirksam bewerben. Dies kann ein Schlüsselfaktor für den Erfolg Ihres Produkts sein.

Durch die Entwicklung einer starken Markenidentität und eines effektiven Messagings können Sie Ihr Produkt von der Konkurrenz abheben und ein klares und einheitliches Image für Ihr Unternehmen schaffen. Dies kann dazu beitragen, Kunden anzuziehen und zu binden und Markentreue aufzubauen.

Gestaltung von Verpackungen, die die Attraktivität und den Wert des Produkts erhöhen

Ihres Produkts. Mit einer Verpackung, die Ihr Produkt wirkungsvoll präsentiert und seinen Wert vermittelt, können Sie Kunden anziehen und binden und den Umsatz steigern.

Im Folgenden finden Sie einige Tipps zur Gestaltung von Verpackungen, die die Attraktivität und den Wert Ihres Produkts steigern:

1. Berücksichtigen Sie den Verwendungszweck des Produkts:

Bei der Gestaltung der Verpackung für ein Produkt ist es wichtig, den Verwendungszweck des Produkts zu berücksichtigen und zu überlegen, wie die Verpackung so gestaltet werden kann, dass sie den Bedürfnissen des Benutzers am besten entspricht.

Im Folgenden finden Sie einige zusätzliche Tipps, wie Sie bei der Gestaltung von Verpackungen den Verwendungszweck des Produkts berücksichtigen können:

a. **Berücksichtigen Sie die Größe und Form des Produkts**: Die Größe und Form des Produkts kann sich auf das Verpackungsdesign auswirken. Wenn das Produkt zum Beispiel klein und tragbar ist, sollten Sie eine kompakte und leicht zu transportierende Verpackung wählen.

b. **Denken Sie an die Bedürfnisse des Benutzers**: Berücksichtigen Sie bei der Gestaltung der Verpackung die Bedürfnisse und Vorlieben des Benutzers. Wenn das Produkt zum Beispiel für Kinder bestimmt ist, sollten Sie eine Verpackung verwenden, die sich für kleine Hände leicht öffnen und schließen lässt.

c. **Berücksichtigen Sie den Verwendungszweck des Produkts**: Überlegen Sie, wie das Produkt verwendet werden soll, und gestalten Sie die Verpackung entsprechend. Wenn das Produkt z. B. für die Verwendung in der Dusche vorgesehen ist, sollten Sie eine Verpackung verwenden, die wasserdicht oder resistent gegen Wasserschäden ist.

d. **Denken Sie an die Haltbarkeitsdauer des Produkts**: Berücksichtigen Sie die Haltbarkeitsdauer des Produkts und gestalten Sie die Verpackung entsprechend. Wenn das Produkt beispielsweise nur kurz haltbar ist, sollten Sie eine Verpackung wählen, die das Produkt vor Beschädigung oder Verfall schützt.

Wenn Sie bei der Gestaltung der Verpackung den Verwendungszweck des Produkts berücksichtigen, können Sie eine Verpackung entwerfen, die den Bedürfnissen und Vorlieben des Benutzers entspricht und zum Schutz des Produkts beiträgt. Dies kann ein Schlüsselfaktor für den Erfolg Ihres Produkts sein.

2. Verwenden Sie hochwertige Materialien:

Verwenden Sie hochwertige Materialien für Ihre Verpackungen, z. B. stabile Pappe oder hochwertigen Kunststoff. So können Sie sicherstellen, dass die Verpackung haltbar ist und das Produkt während des Versands und der Handhabung schützt.

Im Folgenden finden Sie einige weitere Tipps für die Verwendung hochwertiger Verpackungsmaterialien:

a. **Wählen Sie Materialien, die haltbar sind**: Wählen Sie Materialien, die robust sind und den harten Anforderungen von Versand und Handhabung standhalten können. Verwenden Sie zum Beispiel stabilen Karton oder hochwertigen Kunststoff für Ihre Verpackung.

b. **Berücksichtigen Sie das Gewicht der Materialien**: Achten Sie auf das Gewicht der Materialien, die Sie für Ihre Verpackung verwenden. Schwere Materialien können die Kosten für Versand und Bearbeitung erhöhen. Daher sollten Sie leichtere Materialien verwenden, um diese Kosten zu senken.

c. **Denken Sie an die Umweltauswirkungen der Materialien**: Berücksichtigen Sie die Umweltauswirkungen der Materialien, die Sie für Ihre Verpackungen verwenden. Sie können zum Beispiel die Verwendung von recycelten oder biologisch abbaubaren Materialien in Betracht ziehen, um Ihren ökologischen Fußabdruck zu verringern.

d. **Testen Sie die Materialien**: Testen Sie die Materialien, die Sie für Ihre Verpackung verwenden, um sicherzustellen, dass sie haltbar sind und das Produkt während des Versands und der Handhabung schützen können.

Durch die Verwendung hochwertiger Materialien für Ihre Verpackung können Sie sicherstellen, dass die Verpackung haltbar ist und das Produkt während des Versands und der Handhabung schützt. Dies kann ein Schlüsselfaktor für den Erfolg Ihres Produkts sein.

3. Vermitteln Sie den Wert des Produkts:

Verwenden Sie die Verpackung, um den Wert des Produkts zu vermitteln. Dazu könnte die Hervorhebung der Merkmale, Vorteile oder Alleinstellungsmerkmale des Produkts gehören.

Hier finden Sie einige zusätzliche Tipps, wie Sie den Wert des Produkts durch die Verpackung vermitteln können:

a. **Heben Sie die Eigenschaften des Produkts hervor:** Verwenden Sie die Verpackung, um die Merkmale des Produkts hervorzuheben, die es einzigartig oder besonders machen. Dies kann den Kunden helfen, den Wert des Produkts zu verstehen und es von der Konkurrenz abzuheben.

b. **Heben Sie die Vorteile des Produkts hervor**: Verwenden Sie die Verpackung, um die Vorteile des Produkts hervorzuheben. Dazu könnte gehören, wie das Produkt ein Problem lösen oder das Leben des Kunden in irgendeiner Weise verbessern kann.

c. **Verwenden Sie Erfahrungsberichte von Kunden**: Erwägen Sie die Verwendung von Erfahrungsberichten von Kunden auf der Verpackung, um den Wert des Produkts zu vermitteln. Dies kann dazu beitragen, Glaubwürdigkeit und Vertrauen bei potenziellen Kunden aufzubauen.

d. **Verwenden Sie klare und prägnante Botschaften**: Verwenden Sie klare und prägnante Botschaften auf der Verpackung, um den Wert des Produkts zu vermitteln. Vermeiden Sie Jargon oder Fachausdrücke, die für Kunden verwirrend sein könnten.

Indem Sie die Verpackung nutzen, um den Wert des Produkts zu vermitteln, können Sie den Kunden helfen, den Wert des Produkts zu verstehen und es von der Konkurrenz abzuheben. Dies kann ein Schlüsselfaktor für den Erfolg Ihres Produkts sein.

4. Verwenden Sie ein visuell ansprechendes Design:

Verwenden Sie optisch ansprechende Designelemente, wie z. B. ansprechende Farben, Grafiken und Schriftarten, um die Verpackung für die Kunden attraktiver zu machen.

Im Folgenden finden Sie einige zusätzliche Tipps für die Verwendung von visuell ansprechendem Design bei Verpackungen:

a. **Verwenden Sie ansprechende Farben:** Wählen Sie Farben, die visuell ansprechend sind und gut zusammenpassen. Berücksichtigen Sie den Zielmarkt für das Produkt und wählen Sie Farben, die diesen ansprechen.

b. **Verwenden Sie Grafiken effektiv**: Setzen Sie Grafiken effektiv ein, um den Wert des Produkts zu vermitteln und die Verpackung visuell ansprechender zu gestalten. Vermeiden Sie es, zu viele Grafiken zu verwenden, da dies erdrückend wirken und vom Gesamtdesign ablenken kann.

c. **Wählen Sie geeignete Schriftarten**: Wählen Sie Schriftarten, die leicht zu lesen sind und die Werte und die Persönlichkeit Ihrer Marke widerspiegeln. Vermeiden Sie die Verwendung zu vieler verschiedener Schriftarten, da dies verwirrend sein und vom Gesamtdesign ablenken kann.

d. **Nutzen Sie den negativen Raum effektiv**: Nutzen Sie den Negativraum effektiv, um das Design auszubalancieren und die Verpackung visuell ansprechender zu gestalten. Der Negativraum ist der Raum um und zwischen den Designelementen und kann dazu beitragen, das Auge auf die wichtigsten Elemente des Designs zu lenken.

Durch die Verwendung visuell ansprechender Designelemente in der Verpackung können Sie die Verpackung für die Kunden attraktiver machen und die Wahrscheinlichkeit erhöhen, dass sie das Produkt kaufen werden. Dies kann ein Schlüsselfaktor für den Erfolg Ihres Produkts sein.

5. Testen und verfeinern:

Testen Sie verschiedene Verpackungsdesigns und -materialien, um herauszufinden, was für Ihr Produkt am besten geeignet ist. Seien Sie offen für die Verfeinerung und Anpassung Ihrer Verpackung nach Bedarf, um die Attraktivität und den Wert Ihres Produkts zu steigern.

Hier finden Sie einige zusätzliche Tipps zum Testen und Verfeinern Ihres Verpackungsdesigns:

a. **Bestimmen Sie Ihren Zielmarkt:** Definieren Sie Ihren Zielmarkt klar, um Ihre Testbemühungen zu lenken. Berücksichtigen Sie Faktoren wie das Alter, das Geschlecht, die Interessen und die Bedürfnisse Ihrer Zielkunden.

b. **Testen Sie verschiedene Designs**: Nutzen Sie Fokusgruppen, Umfragen oder andere Methoden, um verschiedene Verpackungsdesigns mit Ihrem Zielmarkt zu testen. Auf diese Weise können Sie die Wirksamkeit der verschiedenen Designs beurteilen und Bereiche ermitteln, die möglicherweise verbessert werden müssen.

c. **Analysieren Sie die Ergebnisse**: Analysieren Sie die Ergebnisse Ihrer Tests, um Bereiche zu ermitteln, die möglicherweise verbessert werden müssen.

d. **Verfeinern Sie nach Bedarf**: Seien Sie bereit, Ihre Verpackung auf der Grundlage der Testergebnisse zu verbessern und anzupassen. So können Sie sicherstellen, dass Ihre Verpackung Ihr Produkt wirksam bewirbt und schützt.

Indem Sie Ihr Verpackungsdesign testen und verfeinern, können Sie sicherstellen, dass es Ihr Produkt wirksam bewirbt und schützt. Dies kann ein Schlüsselfaktor für den Erfolg Ihres Produkts sein.

Durch die Gestaltung einer Verpackung, die Ihr Produkt wirkungsvoll präsentiert und seinen Wert vermittelt, können Sie Kunden anziehen und binden und den Umsatz steigern. Dies kann ein Schlüsselfaktor für den Erfolg Ihres Produkts sein.

Kapitel VI. Vermarktung und Verkaufsförderung des Produkts

Die Vermarktung und Werbung für das Produkt ist ein entscheidender Schritt beim Aufbau eines erfolgreichen E-Commerce-Geschäfts. Es gibt viele verschiedene Kanäle und Methoden, die Sie nutzen können, um potenzielle Kunden zu erreichen und Ihre Produkte zu bewerben. In diesem Kapitel werden wir einige der effektivsten Möglichkeiten zur Vermarktung und Werbung für Ihre Produkte untersuchen, einschließlich Online- und Offline-Kanäle.

Erreichen Sie potenzielle Kunden über Online-Kanäle.

Es gibt viele verschiedene Online-Marketing-Techniken, die Sie einsetzen können, um für Ihre Produkte zu werben und die Besucherzahlen auf Ihrer Website zu erhöhen. Einige der effektivsten Online-Marketing-Techniken sind:

1. Suchmaschinenoptimierung (SEO):

Durch die Optimierung Ihrer Website und ihrer Inhalte für Suchmaschinen können Sie Ihr Ranking in den Suchergebnissen verbessern und es potenziellen Kunden erleichtern, Ihre Produkte zu finden.

Unter Suchmaschinenoptimierung (SEO) versteht man die Optimierung Ihrer Website und ihres Inhalts, um Ihre Platzierung in den Suchergebnissen zu verbessern und es potenziellen Kunden zu erleichtern, Ihre Produkte zu finden. Es gibt viele verschiedene Tools und Techniken, die Sie verwenden können, um Ihre Website für Suchmaschinen zu optimieren, und einige der effektivsten Tools sind kostenlos erhältlich. Hier sind einige Beispiele für kostenlose und fortgeschrittene Tools, die bei der Suchmaschinenoptimierung helfen können:

a. Google Search Console: Dies ist ein kostenloses Tool von Google, mit dem Sie sehen können, wie Ihre Website in den Suchergebnissen abschneidet, etwaige Probleme mit Ihrer Website erkennen und Ihre Sitemap an Google übermitteln können. Sie können auf die Google Search Console unter https://search.google.com/search-console zugreifen.

b. Google Analytics: Dies ist ein kostenloses Tool von Google, mit dem Sie den Verkehr auf Ihrer Website verfolgen und analysieren können. Mit Google Analytics können Sie feststellen, wie viele Personen Ihre Website besuchen, woher sie kommen und welche Seiten sie sich ansehen. Sie können auf Google Analytics unter https://analytics.google.com/ zugreifen.

c. SEMrush: Dies ist ein kostenpflichtiges Tool, das eine breite Palette von Funktionen für die Suchmaschinenoptimierung bietet, einschließlich Keyword-Recherche, Website-Audit und Konkurrenzanalyse. SEMrush ist ein leistungsstarkes Tool, das Ihnen dabei helfen kann, Ihr Ranking in den Suchergebnissen zu verbessern und mehr Besucher auf Ihre Website zu bringen. Sie können mehr über SEMrush unter https://www.semrush.com/ erfahren.

d. Ahrefs: Dies ist ein weiteres kostenpflichtiges Tool, das eine breite Palette von Funktionen für die Suchmaschinenoptimierung bietet, darunter Keyword-Recherche, Site Audit und Backlink-Analyse. Ahrefs ist ein leistungsstarkes Tool, das Ihnen dabei helfen kann, Ihr Ranking in den Suchergebnissen zu verbessern und mehr Besucher auf Ihre Website zu bringen. Mehr über Ahrefs erfahren Sie unter https://ahrefs.com/.

Mit diesen Tools und anderen Techniken können Sie Ihre Website und deren Inhalte für Suchmaschinen optimieren und Ihr Ranking in den Suchergebnissen verbessern. Dadurch können potenzielle Kunden Ihre Produkte leichter finden und mehr Besucher auf Ihre Website leiten.

2. Marketing für soziale Medien:

Indem Sie Ihre Produkte auf Social-Media-Plattformen wie Facebook, Instagram und Twitter bewerben, können Sie ein großes und engagiertes Publikum erreichen.

Social Media Marketing ist ein wirksames Mittel, um ein großes und engagiertes Publikum zu erreichen und Ihre Produkte zu bewerben. Es gibt viele verschiedene Social-Media-Plattformen, die Sie zur Werbung für Ihr Unternehmen nutzen können, darunter Facebook, Instagram, Twitter, Snapchat, Pinterest und TikTok.

Jede dieser Plattformen hat ihre eigenen Merkmale und ihr eigenes Publikum. Daher ist es wichtig, sorgfältig zu prüfen, welche Plattformen für Ihr Unternehmen und Ihre Produkte am besten geeignet sind.

Es gibt sowohl kostenlose als auch fortgeschrittene Tools, die Ihnen bei der Verwaltung und Optimierung Ihrer Social-Media-Marketingbemühungen helfen können. Einige der beliebtesten kostenlosen Tools für Social Media Marketing sind:

a. Hootsuite:

Hootsuite ist eine Plattform zur Verwaltung sozialer Medien, mit der Sie Inhalte planen und veröffentlichen, mit Ihren Followern in Kontakt treten und Ihre Leistung auf mehreren sozialen Medienplattformen analysieren können. https://hootsuite.com/

b. Canva:

Canva ist ein Design-Tool, mit dem sich auf einfache Weise visuell ansprechende Grafiken und Bilder für soziale Medien erstellen lassen. https://www.canva.com/

c. TweetDeck:

TweetDeck ist ein Twitter-Management-Tool, mit dem Sie Tweets planen, Schlüsselwörter und Hashtags verfolgen und mehrere Konten verwalten können.
https://tweetdeck.twitter.com/

d. Später:

Later ist ein Tool zur Planung von sozialen Medien, mit dem Sie Ihre Inhalte im Voraus planen können, insbesondere für Instagram. https://later.com/

Es gibt auch viele fortschrittliche Tools und Dienste, die Ihnen bei der Verwaltung und Optimierung Ihrer Social-Media-Marketingbemühungen helfen können. Diese Tools sind oft kostenpflichtig, können aber erweiterte Funktionen und Möglichkeiten bieten, wie z. B.:

e. Puffer:

Buffer ist eine Plattform zur Verwaltung sozialer Medien, die es Ihnen ermöglicht, Inhalte zu planen und zu veröffentlichen, mit Teammitgliedern zusammenzuarbeiten und Ihre Leistung auf mehreren sozialen Medienplattformen zu analysieren. https://buffer.com/

f. CoSchedule:

CoSchedule ist eine Marketing-Management-Plattform, mit der Sie Ihre Marketing-Kampagnen über mehrere Kanäle, einschließlich sozialer Medien, planen, organisieren und durchführen können. https://coschedule.com/

g. Sprout Social:

Sprout Social ist eine Plattform zur Verwaltung sozialer Medien, die es Ihnen ermöglicht, Inhalte zu planen und zu veröffentlichen, mit Ihren Followern in Kontakt zu

treten und Ihre Leistung auf mehreren sozialen Medienplattformen zu analysieren.
https://www.sproutsocial.com/

Durch den Einsatz dieser Tools und Plattformen können Sie Ihre Social-Media-Marketingbemühungen effektiver verwalten und optimieren und ein größeres und engagierteres Publikum erreichen.

3. E-Mail-Marketing:

E-Mail-Marketing ist ein leistungsfähiges Instrument, um für Ihr E-Commerce-Geschäft zu werben und die Kunden über Ihre Produkte zu informieren. Es gibt viele verschiedene Tools und Plattformen für die Verwaltung und Durchführung von E-Mail-Marketing-Kampagnen, die von einfachen und kostenlosen Optionen bis hin zu fortgeschrittenen und funktionsreichen Tools mit Abonnementgebühren reichen.

Hier finden Sie einige kostenlose und fortgeschrittene Tools für das E-Mail-Marketing sowie die entsprechenden Websites:

Kostenlose Tools:

a. Mailchimp (https://mailchimp.com):

Eine beliebte und benutzerfreundliche E-Mail-Marketing-Plattform mit einer Reihe von Funktionen wie anpassbare Vorlagen, Listenverwaltung und Analysen.

b. Sendinblue (https://www.sendinblue.com):

Eine umfassende E-Mail-Marketing-Plattform mit Funktionen wie Automatisierung, SMS-Marketing und Live-Chat.

c. MailerLite (https://www.mailerlite.com):

Eine benutzerfreundliche E-Mail-Marketingplattform mit Funktionen wie Landing Pages, Automatisierung und Integrationen mit anderen Tools.

Fortgeschrittene Tools:

d. Ständiger Kontakt (https://www.constantcontact.com):

Eine funktionsreiche E-Mail-Marketingplattform mit Tools zur Automatisierung, Segmentierung und Integration mit E-Commerce-Plattformen.

e. GetResponse (https://www.getresponse.com):

Eine umfassende E-Mail-Marketing-Plattform mit Funktionen wie Automatisierung, Landing Pages und Webinaren.

f. ActiveCampaign (https://www.activecampaign.com):

Eine leistungsstarke E-Mail-Marketing-Plattform mit Funktionen wie Automatisierung, CRM und prädiktiven Analysen.

Bei der Auswahl eines E-Mail-Marketing-Tools ist es wichtig, Ihre Bedürfnisse und Ihr Budget sowie die Funktionen und Möglichkeiten der verschiedenen Plattformen zu berücksichtigen. Einige Dinge, die Sie berücksichtigen sollten, sind die Größe Ihrer E-Mail-Liste, der Grad der Anpassung und die Designoptionen, die Sie benötigen, und ob Sie erweiterte Funktionen wie Automatisierung und Integrationen mit anderen Tools nutzen möchten.

4. Bezahlte Werbung:

Bezahlte Werbung ist eine Möglichkeit, über Plattformen wie Google AdWords und Facebook Ads gezielte Zielgruppen zu erreichen und Besucher auf Ihre Website zu leiten. Auf diesen Plattformen können Sie Anzeigen erstellen, die den Nutzern angezeigt werden, die am ehesten an Ihren Produkten oder Dienstleistungen interessiert sind.

a. Google AdWords ist eine Plattform für bezahlte Werbung, mit der Sie Anzeigen erstellen können, die in den Google-Suchergebnissen und auf anderen Websites, die am Google Ads-Netzwerk teilnehmen, angezeigt werden. Sie können Ihre Anzeigen auf bestimmte Keywords, Standorte und demografische Merkmale ausrichten, ein Budget für Ihre Anzeigen festlegen und nur zahlen, wenn jemand darauf klickt. https://ads.google.com/home/

b. Facebook Ads ist eine bezahlte Werbeplattform, mit der Sie Anzeigen erstellen können, die Nutzern auf der Facebook-Plattform angezeigt werden. Wie bei Google AdWords können Sie Ihre Anzeigen auf bestimmte Schlüsselwörter, Standorte und demografische Merkmale ausrichten. Sie können ein Budget für Ihre Anzeigen festlegen und zahlen nur, wenn jemand eine bestimmte Aktion durchführt, z. B. auf die Anzeige klickt oder einen Kauf tätigt. https://www.facebook.com/business/products/ads

Es gibt auch viele fortschrittliche Tools und Plattformen, die Ihnen bei der Verwaltung und Optimierung Ihrer bezahlten Werbekampagnen helfen können. Einige dieser Tools sind:

c. Google Analytics: Dieses kostenlose Tool von Google ermöglicht es Ihnen, den Verkehr auf Ihrer Website zu verfolgen und zu analysieren, einschließlich der Quellen dieses Verkehrs. Dies kann hilfreich sein, um die Wirksamkeit Ihrer bezahlten Werbekampagnen zu verstehen. https://analytics.google.com/

d. Google Tag Manager: Mit diesem kostenlosen Tool von Google können Sie auf einfache Weise Tracking- und Analyse-Tags zu Ihrer Website hinzufügen, mit denen Sie das Verhalten Ihrer Website-Besucher besser verstehen können.
https://tagmanager.google.com/

e. Hootsuite: Mit dieser kostenpflichtigen Plattform können Sie Ihre sozialen Medien und bezahlten Werbekampagnen an einem Ort verwalten und analysieren. https://hootsuite.com/

f. AdEspresso: Diese kostenpflichtige Plattform bietet Tools und Dienstleistungen, die Ihnen bei der Optimierung Ihrer Facebook- und Instagram-

Werbekampagnen helfen, einschließlich A/B-Tests, Zielgruppenausrichtung und automatisches Gebotsmanagement. https://www.adespresso.com/

Durch den Einsatz dieser Tools und Plattformen können Sie Ihre bezahlten Werbekampagnen effektiver verwalten und optimieren und bessere Ergebnisse aus Ihren Marketingbemühungen erzielen.

Erreichen Sie potenzielle Kunden über Offline-Kanäle.

Neben den Online-Kanälen gibt es auch viele Offline-Marketingtechniken, die Sie für die Werbung für Ihre Produkte nutzen können. Einige der effektivsten Offline-Marketingtechniken sind:

1. Traditionelle Werbung:

Unter traditioneller Werbung versteht man die Nutzung traditioneller Medienkanäle wie Zeitungen, Zeitschriften, Fernsehen und Radio, um Produkte zu bewerben und ein großes Publikum zu erreichen. Einige kostenlose und fortgeschrittene Tools, die Sie für die Erstellung traditioneller Werbematerialien verwenden können, sind:

Kostenlose Tools:

a. Canva:

Canva ist ein Grafikdesign-Tool, mit dem Sie Anzeigen, Flyer und andere Marketingmaterialien in professioneller Qualität erstellen können. Mit einer Vielzahl von Vorlagen, Schriftarten und Designelementen zur Auswahl können Sie individuelle Anzeigen erstellen, die sich von anderen abheben und die Aufmerksamkeit Ihres Publikums erregen. https://www.canva.com/

b. GIMP:

GIMP ist ein kostenloses und quelloffenes Bildbearbeitungsprogramm, mit dem Sie Anzeigen und andere Marketingmaterialien erstellen und bearbeiten können. Mit Funktionen wie Ebenen, Filtern und Maskierungen können Sie Ihre Anzeigen professionell und ausgefeilt aussehen lassen. https://www.gimp.org/

Fortgeschrittene Tools:

c. Adobe InDesign:

Adobe InDesign ist ein professionelles Layout- und Designtools, das häufig zur Erstellung von Drucksachen wie Anzeigen und Zeitschriften verwendet wird. Mit erweiterten Funktionen wie Textumbruch, Objektstilen und Farbmanagement können Sie hochwertige, druckfertige Anzeigen erstellen. https://www.adobe.com/products/indesign.html

Spezialisierte Dienstleistungen:

d. Print-Werbeagenturen:

Wenn Sie professionelle, auffällige Printanzeigen für Ihr Unternehmen erstellen möchten, können Sie mit einer Print-Werbeagentur zusammenarbeiten. Diese Agenturen sind auf die Erstellung und Schaltung von Anzeigen in Zeitungen, Zeitschriften und anderen Printmedien spezialisiert. Zu den bekanntesten Print-Werbeagenturen gehören Saatchi & Saatchi und Leo Burnett.

e. Unternehmen für Außenwerbung:

Unternehmen wie Clear Channel Outdoor und Lamar Advertising bieten eine Reihe von Möglichkeiten der Außenwerbung an, darunter Plakatwände, Buswartehallen und andere Arten der Beschilderung.

Sobald Sie Ihre Anzeigen erstellt haben, können Sie sie in den traditionellen Medien platzieren, indem Sie sich direkt an die Publikationen wenden oder mit einer Werbeagentur oder einem Medieneinkaufsunternehmen zusammenarbeiten, die Ihnen helfen, Ihre Zielgruppe zu erreichen.

Bei der Wahl traditioneller Werbekanäle ist es wichtig, die Zielgruppe und das Budget sorgfältig zu berücksichtigen, da diese Methoden zwar kostspielig sein können, aber auch ein großes und vielfältiges Publikum erreichen.

2. Fachmessen und Ausstellungen:

Messen und Ausstellungen können eine wertvolle Möglichkeit sein, für Ihre Produkte zu werben und Kontakte zu potenziellen Kunden und Partnern zu knüpfen. Hier finden Sie einige kostenlose und erweiterte Tools und Ressourcen, die Ihnen bei der Planung und Durchführung einer erfolgreichen Messe oder Ausstellung helfen können:

Kostenlose Tools:

f. Messekalender: Diese Website listet anstehende Messen und Branchenveranstaltungen auf der ganzen Welt auf und ermöglicht Ihnen die Suche nach Veranstaltungen nach Branche, Ort und Datum. (https://www.tradeshowcalendar.com/)

g. Messe-Nachrichten-Netzwerk: Diese Website bietet Nachrichten und Informationen über Messen und Branchenveranstaltungen sowie einen Kalender mit anstehenden Veranstaltungen. (https://www.tsnn.com/)

Fortgeschrittene Tools:

h. Cvent: ist eine umfassende Eventmanagement-Plattform, die Ihnen bei der Planung und Durchführung einer erfolgreichen Messe oder Ausstellung helfen kann. Sie bietet eine Reihe von Tools und Dienstleistungen, darunter Veranstaltungsregistrierung, Suche nach Veranstaltungsorten und Teilnehmerverfolgung. (https://www.cvent.com/en/)

i. GES: ist ein globales Eventmarketing- und -managementunternehmen, das eine Reihe von Dienstleistungen anbietet, um Sie bei der Planung und Durchführung einer erfolgreichen Messe oder Ausstellung zu unterstützen, einschließlich Standdesign, Logistik und Lead-Generierung. (https://www.ges.com/)

j.

k. Freeman: ist ein weltweit tätiges Event-Marketing- und Managementunternehmen, das eine Reihe von Dienstleistungen anbietet, die Sie bei der Planung und Durchführung einer erfolgreichen Messe oder Ausstellung unterstützen, einschließlich Standdesign, Event-Marketing und Teilnehmerbindung. (https://www.freeman.com/)

Mithilfe dieser Tools und Ressourcen können Sie eine erfolgreiche Messe oder Ausstellung planen und durchführen und ein hochgradig zielgerichtetes Publikum von potenziellen Kunden und Partnern erreichen.

3. Öffentlichkeitsarbeit:

Öffentlichkeitsarbeit (PR) ist die Praxis der Förderung und des Managements des Rufs eines Unternehmens oder Produkts. Eine Möglichkeit, dies zu tun, ist die Zusammenarbeit mit Journalisten und Medien, um die Berichterstattung über Ihre Produkte und Ihr Unternehmen zu fördern. Dies kann ein wirksames Mittel sein, um die Aufmerksamkeit auf Ihre Produkte zu lenken und sie bekannter zu machen, da die Medienberichterstattung ein großes und vielfältiges Publikum erreichen kann.

Es gibt viele verschiedene Tools und Ressourcen, die Sie bei Ihren PR-Bemühungen unterstützen können. Hier sind ein paar Optionen:

Kostenlose Tools:

a. PR Newswire: Diese Plattform ermöglicht es Ihnen, Pressemitteilungen zu erstellen und zu verbreiten sowie deren Leistung zu verfolgen. Sie bietet auch eine Reihe anderer PR-Tools und Ressourcen, einschließlich Medienlisten und Analysen. (https://www.prnewswire.com/)

b. HARO (Help a Reporter Out): Diese Plattform bringt Journalisten mit Quellen für ihre Artikel zusammen und ermöglicht es Ihnen, Ihre Produkte oder Ihr Fachwissen als potenzielle Quelle für ihre Artikel anzubieten. (https://www.helpareporter.com/)

c. Muck Rack: Diese Plattform ermöglicht es Ihnen, nach Journalisten und Medien zu suchen und mit ihnen in Kontakt zu treten sowie die Berichterstattung über Ihr Unternehmen und Ihre Branche zu verfolgen. (https://www.muckrack.com/)

Fortgeschrittene Tools:

d. Cision: Diese Plattform bietet eine Reihe von PR-Tools, darunter die Verteilung von Pressemitteilungen, Medienbeobachtung und Influencer-Marketing. (https://www.cision.com/)

e. Meltwater: Diese Plattform bietet Medienbeobachtung, Influencer-Marketing und andere PR-Tools, einschließlich der Möglichkeit, die Stimmung der Medienberichterstattung zu verfolgen. (https://www.meltwater.com/)

f. Vocus: Diese Plattform bietet eine Reihe von PR-Tools, darunter die Verteilung von Pressemitteilungen, Medienbeobachtung und die Verwaltung sozialer Medien. (https://www.vocus.com/)

Dies sind nur einige Beispiele für die zahlreichen PR-Instrumente und -Ressourcen, die zur Verfügung stehen. Wenn Sie diese Instrumente nutzen und mit Journalisten und Medien zusammenarbeiten, können Sie durch PR-Maßnahmen die Aufmerksamkeit auf Ihre Produkte und Ihr Unternehmen lenken.

4. Mundpropaganda:

Mundpropaganda ist ein wirkungsvolles Marketinginstrument, da sie auf den Empfehlungen und Erfahrungen echter Kunden beruht. Wenn ein Kunde eine positive Erfahrung mit Ihrem Unternehmen gemacht hat und diese seinen Freunden und seiner Familie mitteilt, kann dies ein sehr wirksames Mittel sein, um für Ihre Produkte zu werben und den Absatz zu steigern.

Es gibt viele verschiedene kostenlose und fortgeschrittene Tools, die Sie nutzen können, um Mundpropaganda zu fördern und ihre Wirksamkeit zu verfolgen. Einige der beliebtesten Tools sind:

Online-Bewertungen: Indem Sie Ihre Kunden ermutigen, auf Websites wie Google, Yelp und Amazon Bewertungen zu Ihren Produkten und Ihrem Unternehmen zu hinterlassen, können Sie sozialen Beweis und Glaubwürdigkeit aufbauen und es potenziellen Kunden erleichtern, Ihr Unternehmen zu finden und ihm zu vertrauen.

Empfehlungsprogramme: Indem Sie Kunden, die ihre Freunde und Familienangehörigen an Ihr Unternehmen verweisen, Anreize wie Preisnachlässe oder kostenlose Produkte bieten, können Sie mehr Mundpropaganda anregen.

Soziale Medien: Indem Sie aktiv mit Ihren Kunden auf Social-Media-Plattformen in Kontakt treten und sie dazu ermutigen, Ihre Produkte und Ihr Unternehmen mit ihren Followern zu teilen, können Sie die Reichweite Ihrer Mundpropaganda-Marketingmaßnahmen erhöhen.

Hier sind einige Links zu kostenlosen und fortgeschrittenen Tools, die Ihnen beim Mundpropaganda-Marketing helfen können:

a. Google My Business: Mit diesem kostenlosen Tool können Sie Ihre Online-Präsenz bei Google verwalten, einschließlich Ihres Google Maps-Eintrags und Ihrer Kundenrezensionen. (https://www.google.com/business/)

b. Yelp: Diese Plattform ermöglicht es Ihnen, Ihre Online-Präsenz auf Yelp zu verwalten, einschließlich Ihres Unternehmenseintrags und Ihrer Kundenrezensionen. (https://www.yelp.com/)

c. ReferralCandy: Mit diesem fortschrittlichen Tool können Sie ein Empfehlungsprogramm für Ihr Unternehmen einrichten und verwalten, einschließlich der Verfolgung von Empfehlungen und Belohnungen. (https://www.referralcandy.com/)

d. Hootsuite: Mit diesem fortschrittlichen Tool können Sie Ihre Aktivitäten in den sozialen Medien verwalten und verfolgen, einschließlich der Interaktion mit Ihren Kunden. (https://hootsuite.com/)

e. Klout: Mit diesem Tool können Sie Ihren Einfluss in den sozialen Medien messen und steigern, indem Sie Ihr Engagement und Ihre Reichweite auf verschiedenen Plattformen verfolgen. (https://klout.com/)

f. BuzzSumo: Mit diesem Tool können Sie die Leistung Ihrer Inhalte in den sozialen Medien verfolgen und analysieren und Einflussnehmer identifizieren, die Ihre Botschaft verstärken können. (https://buzzsumo.com/)

g. Influencer-Marketing-Plattformen: Es gibt viele verschiedene Plattformen, die Ihnen dabei helfen können, mit Influencern in Ihrer Branche in Kontakt zu treten, die Ihre Produkte und Ihr Unternehmen bei ihren Followern bekannt machen können. Zu den beliebtesten Influencer-Marketing-Plattformen gehören AspireIQ, Tribe und Upfluence.

Unabhängig davon, welche Marketing- und Werbetechniken Sie verwenden, ist es wichtig, einen klaren Plan und ein Budget zu haben und die Ergebnisse Ihrer Bemühungen zu messen und zu analysieren, um zu sehen, was funktioniert und was verbessert werden kann. Wenn Sie in effektives Marketing und Werbung investieren, können Sie mehr potenzielle Kunden erreichen und den Umsatz Ihres E-Commerce-Unternehmens steigern.

Kapitel VII. Schlussfolgerung

Die Bedeutung einer kontinuierlichen Produktbewertung und -verbesserung

Eine kontinuierliche Produktbewertung und -verbesserung ist aus einer Reihe von Gründen wichtig:

1. Sie trägt dazu bei, dass Ihr Produkt den Bedürfnissen und Erwartungen Ihrer Kunden entspricht:

Durch die regelmäßige Bewertung und Verfeinerung Ihres Produkts können Sie etwaige Probleme oder verbesserungswürdige Bereiche ermitteln und Änderungen vornehmen, um die Bedürfnisse und Erwartungen Ihrer Kunden besser zu erfüllen.

Hier sind einige Möglichkeiten, wie Sie dies tun können:

a. **Sammeln Sie Kundenfeedback**: Nutzen Sie Kundenfeedback, um Probleme oder verbesserungswürdige Bereiche Ihres Produkts zu ermitteln. Dies kann durch Kundenumfragen, soziale Medien oder E-Mails geschehen.

b. **Überwachen Sie das Kundenverhalten**: Analysieren Sie, wie die Kunden Ihr Produkt nutzen, um Probleme oder verbesserungswürdige Bereiche zu ermitteln. Wenn Sie z. B. feststellen, dass ein großer Prozentsatz der Kunden ihren Einkaufswagen abbricht, bevor sie den Kauf abgeschlossen haben, sollten Sie Ihren Checkout-Prozess überprüfen, um mögliche Probleme zu erkennen.

c. **Behalten Sie die Markttrends im Auge**: Halten Sie sich über Markttrends und Verbraucherverhalten auf dem Laufenden, um etwaige Änderungen der Kundenbedürfnisse oder -präferenzen zu erkennen. Dies kann Ihnen helfen, notwendige Aktualisierungen oder Verbesserungen an Ihrem Produkt zu erkennen.

Indem Sie Ihr Produkt regelmäßig auf der Grundlage von Kundenfeedback und Markttrends evaluieren und verfeinern, können Sie sicherstellen, dass es die Bedürfnisse und Erwartungen Ihrer Kunden erfüllt und auch im Laufe der Zeit ihren sich verändernden Anforderungen gerecht wird.

2. Es kann Ihnen helfen, auf dem Markt wettbewerbsfähig zu bleiben:

Indem Sie Ihr Produkt ständig verbessern und aktualisieren, können Sie auf dem Markt wettbewerbsfähig bleiben und die sich entwickelnden Bedürfnisse Ihrer Kunden erfüllen.

Hier sind einige Möglichkeiten, wie Sie dies tun können:

a. **Beobachten Sie Ihre Konkurrenten**: Beobachten Sie das Angebot Ihrer Konkurrenten und ermitteln Sie Bereiche, in denen Sie sich mit Ihrem Produkt abheben können.

b. **Halten Sie sich über Markttrends auf dem Laufenden**: Bleiben Sie auf dem Laufenden über Branchentrends und Veränderungen im Verbraucherverhalten, um Aktualisierungen oder

Verbesserungen an Ihrem Produkt vorzunehmen, damit Sie wettbewerbsfähig bleiben.

c. **Bieten Sie neue oder verbesserte Funktionen an**: Erwägen Sie, Ihr Produkt mit neuen oder verbesserten Funktionen auszustatten, um es für Kunden attraktiver zu machen. Dazu könnten Dinge wie zusätzliche Funktionen, verbesserte Leistung oder neue Designelemente gehören.

d. **Entwickeln Sie neue Produkte**: Erwägen Sie die Erweiterung Ihrer Produktpalette, um wettbewerbsfähig zu bleiben und den sich wandelnden Bedürfnissen Ihrer Kunden gerecht zu werden. Dies könnte die Einführung neuer Produkte oder von Versionen bestehender Produkte beinhalten.

Durch die kontinuierliche Verbesserung und Aktualisierung Ihres Produkts können Sie auf dem Markt wettbewerbsfähig bleiben und die sich verändernden Bedürfnisse Ihrer Kunden erfüllen, was zum Erfolg Ihres Unternehmens beitragen kann.

3. Es kann Ihnen helfen, neue Wachstumschancen zu erkennen:

Wenn Sie Ihr Produkt regelmäßig bewerten, können Sie neue Wachstumsmöglichkeiten oder Bereiche identifizieren, in denen Sie Ihre Produktpalette erweitern können.

Hier sind einige Möglichkeiten, wie Sie dies tun können:

a. **Analysieren Sie das Kundenfeedback**: Suchen Sie nach gemeinsamen Themen oder Interessengebieten im Kundenfeedback, die auf potenzielle neue Wachstumsmöglichkeiten hinweisen könnten. Wenn Sie zum Beispiel viele Anfragen für eine bestimmte Art von Produkten erhalten, könnte dies eine Gelegenheit sein, Ihre Produktlinie in diese Richtung zu erweitern.

b. **Beobachten Sie Markttrends**: Halten Sie sich über Markttrends und Branchenveränderungen auf dem Laufenden, um neue Wachstumschancen zu erkennen. Dazu könnte auch die Identifizierung neuer Märkte oder neuer Trends im Verbraucherverhalten gehören, die Sie nutzen können.

c. **Analysieren Sie Ihr eigenes Unternehmen**: Suchen Sie nach Bereichen in Ihrem Unternehmen, die Sie ausbauen oder verbessern können. So können Sie beispielsweise Möglichkeiten erkennen, Ihre Reichweite zu erhöhen, indem Sie neue Märkte erschließen oder neue Produkte oder Dienstleistungen einführen.

Durch die regelmäßige Bewertung Ihres Produkts und die Analyse des Kundenfeedbacks, der Markttrends und Ihres eigenen Geschäfts können Sie neue Wachstumsmöglichkeiten oder Bereiche identifizieren, in denen Sie Ihre Produktlinie erweitern können. So können Sie den Erfolg und das Wachstum Ihres Unternehmens vorantreiben.

4. Es kann Ihnen helfen, Ihre Preisgestaltung zu optimieren:

Indem Sie Ihr Produkt laufend bewerten, können Sie Veränderungen in der Nachfrage oder bei den Produktionskosten feststellen, die sich auf Ihre Preisstrategie auswirken können.

Hier sind einige Möglichkeiten, wie Sie dies tun können:

a. **Beobachten Sie die Nachfrage**: Beobachten Sie die Nachfrage nach Ihrem Produkt, um Veränderungen zu erkennen, die sich auf Ihre Preisgestaltung auswirken könnten. Wenn die Nachfrage nach Ihrem Produkt steigt, können Sie möglicherweise Ihre Preise erhöhen. Wenn die Nachfrage sinkt, müssen Sie möglicherweise Ihre Preise anpassen, um wettbewerbsfähig zu bleiben.

b. **Analysieren Sie die Produktionskosten**: Überwachen Sie Ihre Produktionskosten, um etwaige Änderungen zu erkennen, die sich auf Ihre Preisgestaltung auswirken könnten. Wenn Ihre Produktionskosten steigen, müssen Sie möglicherweise Ihre Preisgestaltung anpassen, um diesen zusätzlichen Kosten Rechnung zu tragen.

c. **Überprüfen Sie regelmäßig Ihre Preisgestaltung**: Überprüfen Sie regelmäßig Ihre Preisgestaltung, um sicherzustellen, dass sie weiterhin mit der Nachfrage und den Produktionskosten im Einklang steht. Dies könnte bedeuten, dass Sie Ihre Preise regelmäßig überprüfen, z. B. vierteljährlich oder jährlich, oder dass

Sie Ihre Preise als Reaktion auf Veränderungen der Nachfrage oder der Produktionskosten anpassen.

Indem Sie Ihr Produkt laufend bewerten und Änderungen der Nachfrage und der Produktionskosten berücksichtigen, können Sie Ihre Preisstrategie optimieren, um den Erfolg Ihres Unternehmens zu unterstützen.

Insgesamt ist die kontinuierliche Produktbewertung und -verbesserung ein wichtiger Bestandteil der Aufrechterhaltung und des Wachstums eines erfolgreichen Unternehmens. Sie tragen dazu bei, dass Ihr Produkt den Bedürfnissen Ihrer Kunden entspricht, auf dem Markt wettbewerbsfähig bleibt und das allgemeine Wachstum und den Erfolg Ihres Unternehmens unterstützt.

Die Rolle der Produktauswahl beim Aufbau eines erfolgreichen Online-Geschäfts

Die Produktauswahl spielt eine entscheidende Rolle beim Aufbau eines erfolgreichen Online-Geschäfts. Hier sind einige Möglichkeiten, wie die Produktauswahl den Erfolg Ihres Unternehmens beeinflussen kann:

1. Ermittlung der Kundennachfrage:

Die Ermittlung und Auswahl von Produkten, die der Kundennachfrage entsprechen, ist entscheidend für die

Steigerung des Umsatzes und den Aufbau eines erfolgreichen Online-Geschäfts. Indem Sie Markttrends und Verbraucherpräferenzen gründlich erforschen, können Sie Produkte identifizieren, die wahrscheinlich nachgefragt werden, und sie Ihren Kunden anbieten.

Es gibt verschiedene Möglichkeiten, die Kundennachfrage zu erforschen und Produkte zu identifizieren, die für Ihr Online-Geschäft wahrscheinlich gefragt sind.

a. **Führen Sie Marktforschung durch**: Marktforschung kann Ihnen helfen, die Bedürfnisse und Vorlieben Ihres Zielmarktes zu verstehen. Dazu können Umfragen, Fokusgruppen oder die Analyse von Daten aus Quellen wie Branchenberichten oder Kundenfeedback gehören.

b. **Beobachten Sie soziale Medien**: Soziale Medien können eine wertvolle Quelle für Informationen über Verbrauchervorlieben und Trends sein. Behalten Sie beliebte Hashtags und Trendthemen im Auge, um ein Gefühl dafür zu bekommen, wofür sich die Menschen interessieren.

c. **Verfolgen Sie Ihre Konkurrenten**: Behalten Sie Ihre Konkurrenten im Auge, um zu sehen, welche Produkte sie anbieten und wie gut sie abschneiden. Dies kann Ihnen helfen, Marktbereiche zu identifizieren, die unterversorgt sind, oder Produkte zu finden, die besonders gefragt sind.

d. **Holen Sie Kundenfeedback ein**: Fragen Sie Ihre Kunden nach ihren Gedanken und Meinungen zu Ihren Produkten und potenziellen neuen Produkten. So können Sie herausfinden, wonach sie suchen, und Möglichkeiten zur Verbesserung oder Erweiterung Ihrer Produktpalette ermitteln.

Durch eine gründliche Untersuchung der Kundennachfrage und die Ermittlung von Produkten, die den Bedürfnissen und Vorlieben Ihres Zielmarktes entsprechen, können Sie Ihr Unternehmen besser positionieren und den Umsatz steigern.

2. Den richtigen Preis festlegen:

Die Festlegung des richtigen Preispunkts für Ihre Produkte ist entscheidend für die Steigerung des Absatzes und die Maximierung der Rentabilität. Durch eine gründliche Bewertung der Produktionskosten und die Berücksichtigung der Nachfrage nach Ihren Produkten können Sie den richtigen Preispunkt zur Maximierung der Einnahmen bestimmen.

Bei der Festlegung des Preises für Ihre Produkte sind mehrere Faktoren zu berücksichtigen:

a. **Berechnen Sie die Gesamtkosten der Produktion**: Dazu gehören die direkten Kosten wie Material, Arbeit und Versand sowie die indirekten Kosten wie Gemeinkosten.

b. **Berücksichtigen Sie die Nachfrage nach dem Produkt**: Wenn die Nachfrage nach Ihrem Produkt hoch ist, können Sie möglicherweise einen höheren Preis verlangen. Wenn die Nachfrage jedoch gering ist, müssen Sie Ihren Preis möglicherweise senken, um das Produkt für die Kunden attraktiver zu machen.

c. **Bestimmen Sie den Preispunkt für das Produkt**: Bestimmen Sie auf der Grundlage der Produktionskosten und der Nachfrage nach dem Produkt den Preispunkt, der die Rentabilität maximieren wird.

d. **Überprüfen Sie regelmäßig Ihre Preisgestaltung**: Es ist wichtig, dass Sie Ihre Preisgestaltung regelmäßig überprüfen, um sicherzustellen, dass sie immer noch mit den Markttrends und der Nachfrage nach Ihren Produkten übereinstimmt.

Indem Sie den richtigen Preis für Ihre Produkte festlegen, können Sie die Einnahmen maximieren und die Rentabilität Ihres Unternehmens sicherstellen.

3. Aufbau einer starken Markenidentität:

Die von Ihnen angebotenen Produkte können eine wichtige Rolle bei der Gestaltung Ihrer Markenidentität und -botschaft spielen. Durch die sorgfältige Auswahl von Produkten, die mit Ihren Markenwerten und -botschaften übereinstimmen, können Sie ein klares und konsistentes Image für Ihr Unternehmen schaffen. Die Entwicklung einer starken Markenidentität kann dazu beitragen, dass sich Ihr Unternehmen von der Konkurrenz abhebt und bei den Kunden einen guten Ruf erwirbt.

Im Folgenden finden Sie einige wichtige Überlegungen zum Aufbau einer starken Markenidentität durch die Produktauswahl:

a. **Ermitteln Sie Ihre Markenwerte**: Bestimmen Sie die einzigartigen Qualitäten und Merkmale Ihres Unternehmens und orientieren Sie sich bei der Auswahl Ihrer Produkte an diesen. So können Sie sicherstellen, dass Ihre Produkte mit Ihren Markenwerten und -botschaften übereinstimmen.

b. **Berücksichtigen Sie den Verwendungszweck des Produkts**: Überlegen Sie, wie das Produkt verwendet werden soll, und berücksichtigen Sie dies bei der Produktauswahl. Wenn Ihre Marke beispielsweise Wert auf Umweltfreundlichkeit legt, sollten Sie sich darauf konzentrieren, Produkte anzubieten, die aus nachhaltigen Materialien hergestellt sind oder eine geringe Umweltbelastung haben.

c. **Verwenden Sie visuell ansprechende Verpackungen**: Die Verpackung Ihrer Produkte kann eine wichtige Rolle bei der Ausgestaltung Ihrer Markenidentität spielen. Verwenden Sie optisch ansprechende Designelemente wie ansprechende Farben, Grafiken und Schriftarten, um die Verpackung für Kunden attraktiver zu machen und mit Ihrer Markenidentität in Einklang zu bringen.

Durch die sorgfältige Auswahl von Produkten, die mit Ihren Markenwerten und -botschaften übereinstimmen, können Sie ein starkes und konsistentes Image für Ihr Unternehmen schaffen.

4. Den Kunden einen Mehrwert bieten:

Indem Sie qualitativ hochwertige Produkte anbieten, die den Bedürfnissen und Erwartungen Ihrer Kunden entsprechen, können Sie einen guten Ruf aufbauen und Ihren Kunden einen Mehrwert bieten. Dies kann dazu beitragen, die Kundentreue und die Wiederholungsgeschäfte zu fördern, was für den Erfolg eines jeden Online-Geschäfts unerlässlich ist.

Es gibt mehrere wichtige Überlegungen, wenn es darum geht, den Kunden durch die Produktauswahl einen Mehrwert zu bieten:

a. **Ermitteln Sie die Bedürfnisse und Vorlieben Ihrer Kunden:** Untersuchen Sie Ihren Zielmarkt gründlich, um dessen Bedürfnisse, Vorlieben und Probleme zu verstehen. Dies kann Ihnen helfen, Produkte zu identifizieren, die wahrscheinlich ihre Bedürfnisse erfüllen und einen Mehrwert bieten.

b. **Bieten Sie eine Vielzahl von Optionen an**: Ziehen Sie in Erwägung, eine Reihe von Optionen anzubieten, um den unterschiedlichen Bedürfnissen und Vorlieben der Kunden gerecht zu werden. Dazu könnten verschiedene Größen, Farben oder Variationen des Produkts gehören.

c. **Heben Sie Produktmerkmale und -vorteile hervor:** Verwenden Sie Produktbeschreibungen und Marketingmaterialien, um die Merkmale und Vorteile Ihrer Produkte klar herauszustellen. Dies kann Kunden helfen, den Wert Ihrer Produkte zu verstehen und sie zum Kauf zu ermutigen.

d. **Setzen Sie auf Qualität:** Indem Sie hochwertige Produkte anbieten, können Sie Ihren Kunden einen Mehrwert bieten und einen guten Ruf für Ihr Unternehmen aufbauen. Erwägen Sie die Verwendung hochwertiger Materialien und stellen Sie sicher, dass Ihre Produkte gut verarbeitet und langlebig sind.

Indem Sie hochwertige Produkte anbieten, die den Bedürfnissen und Erwartungen Ihrer Kunden entsprechen, können Sie einen Mehrwert bieten und einen guten Ruf für Ihr Unternehmen aufbauen. Dies kann dazu beitragen, die Kundentreue und das Wiederholungsgeschäft zu fördern, was für den Erfolg eines jeden Online-Geschäfts unerlässlich ist.

Insgesamt spielt die Produktauswahl eine entscheidende Rolle beim Aufbau eines erfolgreichen Online-Geschäfts, da sie Ihnen hilft, Produkte zu finden, die der Kundennachfrage entsprechen, den richtigen Preis festzulegen, eine starke Markenidentität aufzubauen und Ihren Kunden einen Mehrwert zu bieten.

www.ingramcontent.com/pod-product-compliance
Lightning Source LLC
Chambersburg PA
CBHW070243220526
45465CB00004B/1509